선교, 어떻게 시작할 것인가?

들어가며

　주님의 구원에 감격한 성도라면 누구에게라도 선교에 대한 거룩한 부담을 가지고 있을 것이다. 먼저 용어 정리를 하자. 전도는 내국인에게 복음을 전하는 것이고 선교는 외국인에게 복음을 전하는 것이다. 하지만 이 책에서는 전도와 선교를 가끔씩 상호 호환적으로 쓰도록 하겠다.

　이 책은 선교에 관심이 있는 성도들에게, 1. "어떻게 하면 선교에 동참할 수 있을 것인가?" 2. "어떻게 하면 선교의 많은 열매를 맺을 수 있을까?" 하는 물음에 답하기 위해 쓰였다.

　첫 번째 질문에 답하기 위해 이 책의 대부분이 선교 사례, 선교 기관, 선교 교육기관, 또는 선교 방법 같은 것들을 소개할 것이다. 이 내용들을 보면 어떻게 선교를 시작해야 하는지 방향이 보일 것이라 생각한다. 무슬림 지역에서의 난이도 높은 전방 개척 선교도 선교지만 주위에 와있는 다문화 이주민들에게 호의를 베푸는 것도 선교의 일종이다. 책을 읽으면서 한 가지만 기억하면 된다. 소개된 내용 중 자신이 가진 달란트를 가장 잘 활용할 수 있는 분야를 발견하도록 하면 된다. 그래서 그곳으로 연락을 취하면 그게 바로 선교의 시작이다.

　두 번째 질문에 대한 답변은 예외로 쉽게 풀릴 수 있다. 복음을 받아들인 시기에 대한 여러 연구에 의하면 4~14세 때 복음을 받아들인 사람이 85%, 15~30세 때 10%, 30세 이후에는 4%라고 되어 있다. 이 연구 결과는 선교 대상자가 누구인지 확실하게 알려 주며 어린이와 청소년을 대상으로 선교를 할 경우 성인들에 비해 최대 20배까지 효율적으로 복음을 잘 전달할 수 있음을 알려 준다. 즉, 선교의 많은 열매를 맺기 위해서는 어린이 청소년

「선교, 어떻게 시작할 것인가?」를 발행하도록 인도하여 주신

주님의 은혜에 감사를 드립니다.

선교, 어떻게 시작할 것인가?

1판 1쇄 발행 2024년 1월 5일

지은이 김동찬

편집 이새희
마케팅·지원 김혜지

펴낸곳 (주)하움출판사 펴낸이 문현광

이메일 haum1000@naver.com 홈페이지 haum.kr
블로그 blog.naver.com/haum1000 인스타 @haum1007

ISBN 979-11-6440-472-8(03230)

선교에 집중하여야 한다는 것이다.

그렇다면 다음 질문은 어떻게 하면 어린이 선교를 잘 할 수 있을까이다. 이 문제 역시 수많은 어린이 사역 중 가장 많은 사역의 열매를 맺은 방법을 안다면 어린이 사역의 방향성을 설정해 줄 것이다. 어린이 청소년 사역을 통해 크게 부흥한 교회들의 기발하고 참신한 어린이 전도 방법들을 알아볼 것이며 해외 선교지에서는 어떤 어린이 사역들이 이루어지는지도 살펴볼 것이다.

다음은 다문화 이주민 선교 사역이다. 2022년 말 기준으로 한국에 체류하고 있는 외국인의 수는 거의 225만 명이 된다. 이는 선교를 위해 주님께서 우리에게 주신 절호의 기회이다. 다문화 이주민 사역을 성공적으로 수행하고 있는 몇몇 교회와 단체의 사례를 소개해 놓았고 사역 동참을 위한 연락처도 기입해 놓았다.

다음은 한류를 이용한 선교에 대해 알아보도록 한다. 요즘 미디어에 많이 소개되듯이 한류가 전 세계 곳곳에 영향을 미치고 있다. 유튜브 여행기를 보면 "나는 BTS 팬이다." 혹은 "나는 블랙핑크 팬이다."라며 세계의 많은 청소년이 한국에 대해 호감을 가지면서 스스로 다가온다. 이 한류를 어떻게 선교에 접목할지도 생각해 보도록 하자.

다음은 시니어 선교사 사역이다. 대한민국은 2025년이 되면 초고령 사회(65세 인구 비율 20%)로 넘어갈 것으로 예상된다. 2023년 7월 기준으로 대한민국의 60세 이상의 인구 비율은 27% 정도이며 인구는 1400만 명 정도가 된다. 이 중 1% 정도가 자비량 선교사를 지망한다면 그 수는 대한민국 전체 파송 선교사(22,000명)의 6배가 넘는다. 즉, 시니어 선교사들이 대한민국 선교의 새로운 장을 열 수도 있다는 이야기다. 시니어들의 성공적인 선교 사례를 살펴보도록 하자.

다음은 선교가 가장 어렵고 열매가 부족하다는 무슬림 선교에 대해 알아보고 복음 편지를 통한 힌두교인들에 대한 사역도 간단하게 알아보자.

다음은 인터넷 선교에 관한 내용이다. 선교 대상자들에게 대면으로 복음을 전할 수도 있지만 무슬림이나 힌두교 국가에서처럼 공공연하게 선교를 하기에는 위험 부담이 큰 선교지가 있다. 그런데 이런 곳에 이메일로 복음 편지를 보낸다면 시공의 장벽 없이 순식간에 그들의 안방으로 복음이 전달될 수 있을 것이다. 윈도우와 리눅스 시스템에서 어떻게 자동으로 복음 편지를 보내는지 자세히 알아볼 것이며 이메일이 스팸으로 빠지지 않고 잘 전달되도록 하는 노하우도 알아볼 것이다. 대학교 캠퍼스 선교에 이메일 선교가 어떻게 적용되는지도 알아보도록 하자. 그리고 페이스북, 인스타그램의 비즈니스 계정으로 어떻게 하면 특정 지역에 복음을 전달할 수 있는지에 대해서도 알아보자. 유튜브를 통한 전도에 대해서도 언급해 놓았다.

다음은 자립 선교 직업교육기관들을 소개해 놓았다. 선교지에서 가장 큰 애로 사항 중 하나가 재정적인 문제인데, 이런 교육기관에서 직업교육을 받는다면 자립 선교를 할 수 있을 뿐만 아니라 현지인들에게 이 기술들을 전수하면서 선교의 접촉점을 쉽게 만들 수 있다는 장점도 있다.

다음은 선교에 재정적인 도움을 주는 선교 후원 기관과 선교 훈련을 시켜 주는 선교 훈련 단체들을 소개해 놓았다. 효과적인 선교 사역을 위해 훈련 없이 바로 사역 현장에 투입되어 시행착오를 거치면서 나아가는 것보다 선교 훈련이나 교육을 통해 선교의 지식과 노하우를 전수받고 선교 현장에 투입되는 것이 훨씬 더 효율적이고 많은 선교의 열매를 맺을 것이다. 그 다음은 선교 활동을 위한 몇 가지 제안도 적어 놓았다. 선교는 영적 싸움이다. 따라서 이제껏 소개한 여러 사역 사례들을 성공적으로 수행하기 위해서는 성령님의 인도와 도움을 위한 간절한 기도가 반드시 선행되어야 함을 전제로 한다.

바라건대 이 책을 다 읽었을 때 최소한 한두 군데는 연락을 취할 수 있는 곳을 발견할 수 있고, 그리고 바로 연락을 취하여 선교에 동참할 수 있었으면 하는 바람이다. 다 읽은 책은 서가에 보존되어 있기보다는 선교에 관심이 있는 교우들에게 전해진다면 그것도 일종의 간접 선교가 될 것이다.

마지막으로 자료를 보내 주시거나 책 인용을 허락해 주신 한국어린이전도협회 해외 사역부 정석진 선교사님, 꽃동산교회 김종준 목사님, 키즈처치 박연훈 목사님, 청소년 전도법의 문근식 목사님, 한국외국인선교회 전철한 선교사님, 안산 온누리M센터 노규석 목사님, 온두라스 권영갑 선교사님, 시니어선교한국 이종훈 선교사님, 무슬림 B 국 Y 선교사님, 아신대 김종일 교수님, 크로스선교전략연구소 송종록 목사님, 캠퍼스 선교 활동 사례를 보내 주셨고 이 책을 처음부터 끝까지 읽고 좋은 의견을 보내 주신 캘리포니아 브리지한인교회 박환철 선교사님, 필자와 박 선교사님과 함께 이메일 선교 활동을 위해 수년 동안을 같이해 온 요나단형제회 회원들을 비롯한 팀원들, 그리고 이 책의 출판을 위해 수고해 주신 하움출판사 관계자분들께 감사를 드린다.

미국 버지니아에서

김동찬

cyberspacedckim@gmail.com

목차

1장 어린이 청소년 선교

가. 국내 어린이 전도 사례 | 17

❶ 꽃동산교회 · 17
- 군대에서 어린이 500명을 전도하다 _17
- 제대 후 60명으로 다시 시작하다 _18
- 한국어린이교육선교회의 태동 _19
- 만화가 들어간 꽃동산 주보 _19
- 꽃동산교회 개척 _19
- 유년주일학교 부흥의 10가지 원리 _24

❷ 당진 동일교회 · 25
- 마당 소그룹 단계 _25
- 지역으로 확대된 주일학교의 부흥 _27
- 아이들을 통한 부모님 전도 _28
- 무료 공부방 운영 _28

❸ 부산 서부교회 · 30

❹ 키즈 처치 스토리(스쿨Zone전도) · 32
- 전도할 학교 선정 _32
- 학교에 전도 협조 공문을 보내라 _32
- 전도의 시작은 안면 트기이다 _33
- 접촉점 찾기 _33
- 전도 축제 개설 _34
- 학교 앞 전도의 결론은 정착이다 _34

나. 해외 어린이 선교 사례 | 35

❶ 필리핀 K 선교사 · 35

❷ 아프리카 N 선교사 · 36

❸ 아프리카 S 선교사 · 38

❹ 브라질 W 선교사 · 38

❺ 동티모르 K 선교사 · 39

다. 청소년 전도법 | 39

❶ 학교로 찾아가는 전도 · 40

❷ 있는 그대로 받아들여라 · 40

❸ 청소년들이 자주 모이는 곳으로 가라 · 42

❹ 오고 싶은 교회로 만들어라 · 43

❺ 관계의 중요성 · 45

라. 어린이 전도 교육기관과 자료 | 46

❶ 한국어린이전도협회 · 46

  ■ 새 소식반 훈련 _ 46

  ■ 3일 클럽 훈련 _ 47

  ■ 절기 강습회 _ 47

  ■ 교사 교육 과정 _ 48

  ■ 어린이 전문 지도자 과정 _ 49

❷ 한국어린이교육선교회 · 50

❸ 한국어선교회 · 51

❹ 어린이에게 복음을 설명하고 결신을 유도하는 예 · 51

2장 다문화 이주민 선교

가. 한국외국인선교회 | 56

나. 남부전원교회 | 62

다. 오륜교회 | 64

❶ 외국어 예배부 · 64

❷ 국제한가족센터 · 65
- 결혼 이주 여성 사역 _ 65
- 이중언어학교 _ 65
- 이주민 사역 _ 66
- 정부 기관 협력 _ 67

❸ 선교언어학교 · 67

라. 온누리교회 | 68

마. 나섬공동체 | 70

❶ 서울 외국인근로자선교회 · 70
❷ 나섬공동체의 외국인 근로자 봉사 사역 · 72
❸ 뉴라이프미션 동대문 비전센터 · 73

바. 광주 고려인 마을 전도를 위한 제안 | 73

3장 한류를 이용한 선교

가. 한글학교 사역 | 78

❶ 한국어 교원자격증 과정 · 79
❷ 한국어 교실 · 79

- 사랑의 교회 한국어 교사 양성 과정 _ 80
- CSL(Christ School of Learning) Mission _ 80
- 아름다운한글봉사단 _ 80

나. 태권도를 이용한 선교 사역 | 82

❶ 온두라스 권영갑 선교사 · 82
❷ 제주 태권도선교훈련원 · 84
❸ TIA 태권도 선교단 · 85
❹ 총체적 태권도 선교 · 85

4장 시니어 선교사

가. 염소로 선교하다 | 89
나. 갈릴레아 선교 공동체 | 91
다. 캄보디아 예수마을 | 92
라. 65세에 의사가 되어 선교지로 가다 | 94
마. 우즈베키스탄 오지에서 농업 선교를 하다 | 95
바. 29번의 암수술에도 굴하지 않고 선교에 생명을 걸다 | 96
사. 뉴저지 실버 선교회 니카라과 단기선교 사역 보고 | 98
아. 그 외 여러 사례 | 103

5장 무슬림, 힌두교인에 대한 선교 사례

가. B 국 Y 선교사의 현지인 선교 | 109
나. 국내 안디옥열방교회의 무슬림 사역 | 111
다. 불굴의 M 국 여선교사 | 112
라. 힌두교인들에 대한 복음 편지 선교 | 113

6장 인터넷 선교

가. 이메일을 통한 전도, 선교 | 118

❶ 이메일을 사용하기 위한 기술과 방법 · 119
- 비정상 이메일 걸러 내기 _120
- 비활성화 이메일 걸러 내기 _121
- 이메일 대상자 수에 따른 효과적인 방법들 _122
- 이메일 발송 개수 제한 사항 _126
- 이메일이 스팸으로 처리되는 것을 예방하는 방법 _128

❷ 복음 편지 작성과 회신 관리 · 130
- ChatGPT를 이용하여 외국어 복음 편지를 작성하는 방법 _132
- 회신 이메일에 대한 대응과 사후 관리 _136

❸ 대학 캠퍼스 선교의 이메일 활용 사례 · 137
- 누구에게나 열려 있는 황금 어장 대학 캠퍼스 _137
- 이메일 주소는 생명선 _138
- 대학은 지역 교회가 책임져야 할 현장 _140
- 대학 캠퍼스 사역은 꾸준히 하여야 할 전도 사역이다 _140

나. 페이스북, 인스타그램으로 선교하는 방법 │ 142

❶ 페이스북 비즈니스 계정 만들기 · 142

❷ 비즈니스 홈페이지(랜딩 페이지) 만들기 · 143

❸ 광고 계정 만들기 · 143

❹ 광고 만들기 · 143

다. 유튜브를 이용한 전도 │ 144

7장 자립 선교 직업교육기관

가. 보나콤 양계학교 │ 152

나. 농촌진흥청 영농 교육 │ 153

다. 북가주 자연농업협회 │ 155

라. 조지아 가나안농업학교(CIAGA) │ 155

마. 뉴저지 실버선교회 농축 선교 │ 156

바. 안경 사역 │ 156

8장 선교사 후원 기관 및 훈련 단체

가. 후원 기관 │ 160

❶ CTS인터내셔널 · 160

  ■ 미자립 선교사 지원 사업 _160

  ■ 4대 영역 지원 사업 _160

❷ MOM(Messengers of Mercy)선교회 · 162

❸ 글로벌어린이재단(GCF, Global Children Foundation) · 163

❹ 기아대책 · 164

나. 훈련 단체 │ 164

❶ **한국해외선교회** · 164

　■ 한국선교훈련원(GMTC) _ 164

　■ 한국전문인선교훈련원(GPTI) _ 164

　■ 전문인 협력기구(HOPE) 선교사 훈련 _ 165

　■ 개척선교학교(GMP PS) _ 166

❷ **의료선교교육훈련원** · 166

❸ **시니어선교한국** · 167

　■ 시니어선교학교 _ 167

　■ 이모작선교네트워크 _ 169

　■ 선교사 영입 및 파송 교육(선교사 OT) _ 169

　■ 선교사 OT _ 170

　■ 컨퍼런스 및 세미나 _ 170

❹ **뉴저지 실버선교회 실버미션스쿨** · 170

❺ **선교한국대회** · 172

9장 선교 활동을 위한 제안

가. 통계 자료의 적절한 활용 │ 174
나. 현지인 지도자 양성을 위한 신학교 사역의 제고 │ 174
다. 현지인 지도자를 세우는 사역을 최우선으로 두자 │ 177
라. 보내는 선교사 │ 179

참고 문헌

1장

어린이 청소년 선교

1장 어린이 청소년 선교

어린이 청소년 선교는 선교의 황금밭이다. 이 연령대의 어린이들을 미전도 종족이 밀집한 10/40 윈도우 같은 용어를 써서 4/14 윈도우라고 한다. 선교에 있어 4/14 연령대의 어린이들이 이렇게 중요한데 정작 한국 교회의 60% 이상에서 주일학교가 없다. 선교지에서의 어린이 선교 현황은 어떨까? 2022년 한국선교연구원의 장기 선교사 사역 유형을 보면 교회 개척 10,849명(27%), 제자 훈련 5,699명(14%), 지도자 양육 2,774명(7%), 현지 지역 교회 협력 2,404명(6%), 교육 선교 2,013명(5%), 선교 동원(미션 플랜팅) 1,936명(5%), 선교 교육 1,716명(4%), 어린이/청소년 1,562명(4%), 캠퍼스 선교 1,553명(4%) 등등으로 나온다. 통계에서 보이듯 선교지에서의 어린이 청소년 전문 사역도 단지 4% 정도밖에 되지 않는다. 가장 초점이 모여야 할 어린이 청소년 사역이 선교지에서조차 등한시되고 있다.

그런데 70여 년 전에 어린이가 교회의 미래라는 걸 간파하고 어린이 중심 사역을 진행한 교회가 있었다. 어린이 사역으로 유명했던 부산 서부교회의 백영희 목사다. 뉴욕 프라미스교회 원로목사인 김남수 목사 역시 어린이 청소년들에게 복음이 전해지지 않으면 교회 미래가 없다는 걸 간파하고 최근 4/14 운동을 적극적으로 홍보해 오고 있다. 그렇다면, 어린이 청소년 사역을 어떻게 하면 많은 선교의 열매를 맺을 수 있을까? 그 비결은 어린이 청소년 사역을 전문으로 하여 크게 부흥한 교회들의 사례들을 들여다보면 잘 알 수 있을 것이다. 이 사례들은 지금도 한국 교회들에 적용될 수 있으며, 특히 선교지에서의 어린이 청소년 사역에 유용한 선교 전략이 될 수 있을 것이다.

가. 국내 어린이 전도 사례

❶ 꽃동산교회

　김종준 목사가 사역하는 꽃동산교회는 유년주일학교의 부흥을 통해 교회가 폭발적으로 성장한 대표적인 사례이다. 김 목사가 유년주일학교 사역의 중요성에 눈을 뜬 것은 《교사교육 지침서》라는 책을 읽고 나서부터이다. 책에는 미국 교회의 집사, 교사, 성가대원 중 86%가, 그리고 선교사, 목회자의 95%가 유년주일학교 출신이라는 것이다. 김 목사는 이 사실을 알고 나서부터 유년주일학교 사역에 생명을 걸었다고 한다. 김 목사의 유년주일학교 사역을 기록한 《나는 유년주일학교에 생명을 걸었다》라는 책을 참고하여 어떻게 주일학교 부흥을 일으켰는지 알아보도록 하자.

■ 군대에서 어린이 500명을 전도하다

　김 목사의 유년주일학교 사역은 입대를 한 후 군인교회 신우회 회장을 하면서 본격적으로 시작된다. 군대 주변에는 아파트도 있고 주민들도 있는데 군인교회에는 아이들이 나오지 않았다. 그런 군인교회에 주일학교 부흥을 일으키려고 계획하는데, 문제는 사병들만 예배에 참석하니까 주일학교 교사를 할 사람이 없다는 것이었다. 이 문제를 놓고 새벽마다 기도를 하였는데 주님께서 지혜를 주셨다고 한다. 성탄절에 군인교회에서 칸타타를 열어 준 부대 근처 대학의 기독교 학생 동아리가 생각나 도움을 구하였다. 학생들이 도움을 주겠다고 하였지만 한 가지 또 풀어야 할 문제가 있었다. 군인교회에서 유년주일학교를 열기 위해서는 민간인 출입 허가를 받아야 한다는 것이다. 군종참모를 통해 상부에 공문을 올렸지만 안 된다는 회답이 내려왔다.

　얼마나 실망스러웠겠는가? 하지만 여기서 포기하지 않았다고 한다. 일개 병사의 신분으로 사단장 면담을 신청하여 민간인이 주일에 군인교회에 출입할 수 있도록 허락을 받았고, 이에 더하여 주일에 학생을 수송할 수 있는 차까지 요청하여 한 대를 받았다고 한다. 허락을 받고 난 후 어떻게 하면 많은 아이를 교회로 나오게 할지 기발한 아이디어를 내었다. 유년주일학교 예배를 드리기 1시간 전에 마을의 여러 곳에 군인 한 명, 여교사 한 명을 내려놓고 주변의 아이들을 전도하게 하였다. 버스만 돌게 하는 방법이 아닌, 먼저 교사들이 가서 전도를 하고 데려오는 이 방법이 적중하여 나중에는 500명 정도의 아이들이 전도되었고 그들을 다 교회에 수용할 수 없는 지경이 되었다고 한다.

■ 제대 후 60명으로 다시 시작하다

군인교회에서 유년주일학교를 크게 부흥시킨 후 총신대에 복학한 김 목사는 면목동 어느 교회의 유년주일학교 사역자로 섬기게 된다. 사역 초기 주일학교 학생은 유초등부, 중고등부를 합하여 약 60여 명 정도가 되었다. 부임하자마자 주일학교 부흥을 위해 주말마다 초등학교 앞에서 전도를 하였다. 여기서도 김 목사는 어떻게 하면 아이들이 전도지를 잘 받아 갈지 주님께 지혜를 구하였다. 그 결과물이 만화 전도지다. 그 당시 만화는 지금의 비디오 게임처럼 인기가 있었다. 색종이로 된 전도지에 간단한 성경 만화를 그려 나눠 주니 아이들이 잘 받아 갔다. 그리고 전도지를 줄 때는 "얘들아, 내일 아침 9시까지 교회에 오면 이런 거 더 주고 더 좋은 선물도 준단다." 하는 말을 잊지 않았고 그 말을 들은 아이들이 교회로 곧잘 나왔다고 한다.

일 년 중 아이들을 교회로 불러 모을 가장 좋은 기회는 여름성경학교다. 성경학교에 아이들을 많이 불러오기 위해 김 목사는 또 기발한 아이디어를 생각해 낸다. 그 방법은 인형극이다. 교사들과 함께 호돌이, 토순이 인형을 머리에 쓰고 다니면서 아이들을 불러 모으고 재미있는 성경 이야기를 들려주되 맛보기만 살짝 보여 주고 교회에 오면 다음 이야기를 들려주겠다고 하였다. 이 방법으로 여름성경학교를 치르면서 주일학교는 어린이들이 700여 명이 되도록 부흥되었고 어린이 전도왕 타이틀도 얻었다. 김 목사는 이 모든 게 성령님의 인도하심이라고 고백한다.

■ 한국어린이교육선교회의 태동

주일학교 사역이 잘 성장해 나가자 교사 훈련의 필요성을 강하게 느꼈다. 그래서 주위에 있는 각 교회 주일학교 부장들과 전도사들에게 연합회를 조직해 교사강습회를 갖자고 공문을 보내었다. 이 모임이 지금의 한국어린이교육선교회의 모태가 되었다. 강습회에서는 각 분야의 전문가를 모셔 와 어린이 눈높이에 맞춘 찬양, 율동, 인형극, 시청각 교육 지도법 등을 자세히 다루었다. 강습회에 참석한 교사들이 배운 내용을 주일학교 사역에 적용하자 많은 열매가 있었다고 한다. 김 목사는 이 모임을 전국적으로 확대하여 한국어린이교육선교회를 태동시킨다.

■ 만화가 들어간 꽃동산 주보

만화 전도지를 잘 받아 가는 아이들의 관심을 끌기 위해 김 목사는 만화가에게 부탁해 주보 한 면은 만화, 그리고 다른 면은 예배 순서지를 복사할 수 있도록 만화 주보를 만들었다. 이 주보가 크게 히트하여 전국의 많은 교회에서 주문이 쏟아졌고 선교회 운영에도 도움이 되었다고 한다. 김 목사는 지금도 이런 아이디어를 활용해 어린이 주보를 제작해 보길 권한다.

■ 꽃동산교회 개척

김 목사는 선교회를 운영하면서 사역의 방향을 고민하다가 신당동에 어린이 전문 교회인 꽃동산교회를 개척한다. 당시 신당동에는 밖에서 뛰노는 아이들이 많아 노방 전도를 하기가 아주 좋았다고 한다. 매일 전도를 나가 시청각 자료나 인형극을 보여 주면서 재미있는 이야기를 들려주었다. 사자

굴에 갇힌 다니엘 이야기를 들려주다가 마지막 부분에는 이런 질문을 한다. "풀무불에 들어간 다니엘 친구는 어떻게 되었을까?" 아이들이 각각의 대답을 하면 "주일 아침 9시까지 꽃동산교회로 오면 그 답을 얘기해 줄게. 또 더 재미있는 얘기도 해 줄 거야, 알았지?"라고 한다. 그러면 주일에 뒷이야기가 궁금한 아이들이 교회로 몰려왔다고 한다. 이 외의 전도 방법은 다음과 같다.

엿으로 전도하다

교사들과 놀이터나 공터에 전도를 나갈 때는 긴 엿을 준비하여 나간다. 엿을 나누어 주면서 "이 엿은 공짜니까 여기서 다 먹어야 해."라고 한 후 아이들이 엿을 먹는 동안 교회 소개를 한다. 그리고 "내일 교회에서 윷놀이 시합을 하는데 이긴 사람에게는 상품을 주니까 교회로 와라."라고 하면 많은 아이가 교회로 나왔다고 한다. 김 목사는 어린이들을 전도하려면 어떤 프로그램을 할지, 어떤 행사를 할지 고민하면서 끊임없이 지혜를 짜 모으고 연구해야 한다고 한다. 절기별로 각종 게임을 하기도 하고, 체육 대회, 유명인 초청 잔치 등을 적절하게 열기도 하였다. 이런 노력으로 교회는 개척 6개월 만에 유년주일학교 아이들만 몇백 명이 되는 교회로 성장하였다고 한다.

어린이들을 통해 어른들이 전도되다

장년 전도의 필요성을 느낀 김 목사는 유년주일학교 예배와 장년예배를 분리하였다. 그런데 예배만 분리시켰을 뿐인데 많은 장년이 교회로 몰려왔다. 대부분은 아이들을 통해 전도된 인원들이었다. 어린이들을 통해 어른들을 전도한 몇 가지 구체적인 사례를 알아보자.

– **여름성경학교를 통한 전도** : 어린이들을 통한 어른 전도를 위해 여름

성경학교에서 아이들에게 공연 준비를 시키고, 아이들 모두가 공연의 주인공이 되도록, 어떤 역할을 해서라도 적어도 한 번씩은 아이들이 공연에 참석할 수 있도록 하였다. 그리고는 부모들에게 초대장을 보내었는데 놀랍게도 수백 명의 부모가 공연을 보러 왔다. 그런데 그다음 주에 또 놀라운 일이 벌어졌다. 공연을 보러 왔던 사람 중 어른 3백여 명이 교회 예배에 출석하였고 124명이 교회에 등록하였다. 어린이들을 통해 어른들이 전도되는 놀라운 사역 현장이었다.

- **총동원 전도 주일을 통한 전도** : 김 목사는 그 주간을 보내면서 더욱더 어른 전도에 매진한다. 아이들에게 부모님을 왜 전도해야 하는지, 예수님을 영접하지 않으면 부모님들이 어떻게 되는지 설명하고 기도, 부모님 말씀 잘 듣기, 그리고 착한 일 하기 운동을 전개해 나갔다. 또한 아이들에게 동기부여를 위해 총동원 주일에 부모님을 모셔 오면 그 당시에 인기 있던 전자시계를 하나씩 준다고 약속하였다. 전자시계를 받기 위해 떼쓰는 아이를 막지 못해 억지로 교회에 나온 부모, "아빠, 교회 안 다니면 지옥 가. 아빠 지옥 가면 안 되잖아. 나랑 같이 교회 가자."라며 엉엉 우는 어린 딸의 모습에 감동을 받아 교회에 나온 부모들도 있었다고 한다. 그렇게 해서 총동원 주일에 수백 명이 모여들었고, 예배 설교도 성령님께서 역사하시어서 그들의 마음을 움직이는 은혜로운 설교를 하게 해 주셨다고 한다. 잠깐 다녀가려고 교회에 왔다가 은혜를 받고 등록한 교인들이 많았다고 한다.

- **연합 예배를 통한 전도** : 어린이를 통한 어른 전도를 위해 어린이 주일에 연합 예배를 드린다. 어린이 주일 전에 어린이들에게 부모님 구원에 대한 교육도 강화하고 연합 예배에는 꼭 엄마, 아빠 손을 붙잡고 나오라고 얘기한다. 부모들은 아이들은 쉽게 교회로 보내지만 정작 본인들은 쉽게 교회에 나오지 않는다. 이미 마음밭이 굳어 있기 때문인데 그 굳은 마음밭을

두드릴 수 있는 사람이 바로 자녀들이라고 한다. 그 자녀들이 부모를 전도할 수 있는 절호의 기회가 바로 어린이 주일에 드리는 연합 예배다. 어린이들이 부모님을 데리고 예배에 많이 참석하였다고 한다.

자모회를 구성해 모임을 가져라

총동원 주일이나 연합 예배를 통해 교회에 등록된 부모들은 자모회의 구성원이 되며 학교에서 학부모 회의를 하듯이 교회에서 자모회를 한다. 자모회의 목적은 교회가 친숙한 곳이라는 것을 알리고 아이들에 대한 문제를 엄마들끼리 모여 대화도 하면서 엄마들의 교회 정착을 유도하는 것이다. 그러면서 사무엘의 어머니 한나, 디모데의 외할머니 로이스와 어머니 유니게를 이야기해 주면서 어릴 때의 신앙 교육이 얼마나 중요한지 알려 주면 어머니의 마음이 한껏 움직인다고 한다.

교회에서 유아 교육 시설을 운영하라

자모회의 효과는 선교 유치원에서 더 빛난다고 한다. 선교 유치원 아이들의 부모는 불신자일 경우가 많은데 그들은 안심하고 선교 유치원에 아이들을 맡길 뿐만 아니라 관심을 갖고 자주 찾아온다. 유치원에서는 정기 자모회, 소풍 프로그램, 재롱 잔치, 생일잔치 등을 통해 부모들을 초청하고 그걸 전도의 기회로 삼아 열심히 전도한 결과 유치원에 등록된 어린이 부모 중 80%가 꽃동산교회 성도가 되었다고 한다.

노방전도

꽃동산교회의 노방전도는 뒤에 나오는 박연훈 목사의 학교 앞 전도보다 조금 급진적이다. 풍선 만들기 기술을 배워 학교나 놀이터에서 아이들에게 동물 모양의 풍선을 만들어 주면서 다음과 같은 방법으로 전도를 한다.

"이름이 뭐니?"

"김철수요."

"철수, 너는 교회 다니니?"

"아니요."라고 하면,

"철수는 교회 다니고 싶지 않니?"

"다니고 싶은데 일요일 아침에는 일찍 못 일어나요."

"그래? 그럼 내가 아침에 철수를 데리러 갈 테니 교회 나올래? 교회 나오면 선물도 주고 친구도 많이 사귈 수 있어. 너 꽃동산교회 알지? 내일 주일이니까 꼭 한 번만 와 봐. 내일 철수가 못 일어날지 모르니까 내가 전화해 줄게. 전화번호가 어떻게 돼?"

이렇게 하면서 주소와 전화번호를 알아내서 다음 날 교회 버스가 가는 시간에 맞추어 아이를 데리고 온다. 효과가 좋은 편이었다고 한다.

이 외에도 '아파트 사랑방 전도'와 '동아리 활동을 통한 전도' 등이 있는데 과외 수업으로 시간이 없는 현세대의 아이들에게 적용이 무리일 수가 있다. 하지만 선교지 어린이에게는 적용이 가능한 방법이므로 간단히 소개한다. 자세한 사항은 김 목사의 책을 참조하기 바란다.

아파트 사랑방 전도는 아파트 단지와 그 주변 지역의 아이들을 전도하기 위해 지혜를 짜 낸 것이다. 어린이날이 있는 5월 한 달간 구역별로 가장 넓은 집을 선택해서 토요일마다 그 집에 아파트 단지 내의 아이들을 초대하여 간식을 나누면서 서로를 소개하게 한다. 네 번의 모임을 갖는 동안 소풍이나 운동을 하고 마지막 5주째는 주일에 교회에 모여 표창 행사를 한다고 하면 아이들끼리 정도 들었고 자기들에게 잘해 준 어른들에게 미안해서라도 교회로 나온다고 한다. 사랑방 전도로 교회에 나온 아이들을 통해 어른 전도로 연결시키기도 한다.

꽃동산교회 유년주일학교 학생들은 오후가 되면 연극부, 합창부, 영어회화부, 웅변부, 무용부, 문학부, 오케스트라부, 축구부 등 다양한 동아리에서 활동을 한다. 그리고 한 달에 한 번씩 부서별로 대대적인 행사를 갖고 이를 전도의 발판으로 삼는다. 가령 어떤 달에 연극부가 주체가 되어 공연을 한다면 공공장소에 포스트를 붙이고 학교 친구들에게는 초대장을 주면서 꼭 오라고 신신당부를 한다. 초대장에는 이름과 주소를 적을 수 있는 칸을 마련하여 공연 후에도 연락을 하여 그들을 교회로 인도한다.

■ 유년주일학교 부흥의 10가지 원리

김 목사는 유년주일학교 부흥을 위해 다음과 같은 10가지 원리를 제시한다. 각각에 대한 자세한 사항은 김 목사의 저서를 참조하기 바란다.

▶ 설교, 공과 공부, 프로그램 모두를 어린이 눈높이에 맞춰라.
▶ 주일학교 준비부터 진행까지 어린이가 주체가 되게 하라.
▶ 찬송, 공과 공부, 특별 활동 등이 예배 말씀의 주제와 일치되게 하라.
▶ 매일 똑같은 예배에 약간의 변화를 주어 예배에 기대감을 갖게 하라.
▶ 설교의 내용을 아이들이 실생활에 적용할 수 있게 효과를 높여라.
▶ 아이들에게 지속적으로 관심을 가지는 분반 운영의 원리에 충실하라.
▶ 주입식 교육을 지양하고 토론과 질문으로 공과 공부를 진행하라.
▶ 공과 공부 후에는 반드시 가르침을 적용시켜라.
▶ 유년주일학교 학생들에 대해 구원 상담을 하라.
▶ 유년주일학교의 관리와 운영은 주일학교 부장집사들이 하라.

이상에서 살펴본 것처럼 꽃동산교회의 주일학교 부흥은 김종준 목사의 끊임없는 기도와 노력, 그리고 성령님에게 전도의 지혜를 구한 결과물이라고 생각한다.

"구하라 그러면 너희에게 주실 것이요 찾으라 그러면 찾을 것이요 문을 두드리라 그러면 너희에게 열릴 것이니 구하는 이마다 얻을 것이요 찾는 이가 찾을 것이요 두드리는 이에게 열릴 것이니라"(마태복음 7:7~8)

❷ 당진 동일교회

이수훈 목사가 사역하는 당진 동일교회 역시 어린이 사역으로 부흥한 대표적인 교회이다. 시골에 위치한 교회지만 성도가 5천 명이 되고 그중 어린이가 2천 명이 된다. 어떻게 이렇게 어린이들의 비율이 높을까? 그 비결은 교회 설립 초기부터 어린이 전도에 특별한 노력을 기울였기 때문이다. 당진 동일교회는 꽃동산교회처럼 어린이를 통해 교회 개척을 시작하였으며, 어린이를 통해 교회가 부흥하였고, 어린이를 통해 지역사회가 전도되었고, 어린이를 통해 가족들이 전도되었다. 그럼 동일교회가 어떤 과정을 거쳐 시골 마을에서 그렇게 크게 부흥되었는지 자세히 알아보자.

■ 마당 소그룹 단계

동일교회의 시작은 아주 미약하였다. 처음에는 시골 폐가를 빌려 예배를 드렸고 그 예배가 발전하여 비닐하우스 교회로 발전하였다. 처음 허름한 시골 비닐하우스에서 예배를 드리니까 지역민뿐만 아니라 외부에서도 찾아오는 성도들이 거의 없었다고 한다. 하지만 이때 이 목사는 좋은 아이디어 하나를 짜 낸다.

근처 도시의 아파트촌으로 가서 아파트 엘리베이터에 "누구든지 시장에 가거나 일이 있어 집을 비우면 저희가 아이들을 교회에서 돌보아 드리겠습니다."라는 스티커를 붙이는 것이었다. 하지만 기대와는 달리 처음 1~2개월 동안은 찾아오는 사람이 없었다. 그런데 시간이 조금 지나니까 드디어 어떤 아주머니가 아이를 돌보아 달라고 교회에 찾아왔다. 그런데 막상 교회에 왔지만 교회 사정을 보니까 비닐하우스라 머뭇거리고 있는데 목사님께서 "잘 돌보아 드리겠으니 일 보고 오세요." 하고 아이를 맡았다고 한다.

아이 엄마가 조금 미덥지 않은 표정으로 "2시간 정도 있다가 아이를 데리러 오겠습니다." 하고는 나갔는데 2시간 후가 아니라 저녁때쯤 아이를 데리러 왔단다. 그리고 아이를 데리고 가려고 보니까 아이가 편안히 잘 자고 있었는데, 이 모습을 본 아주머니가 아주 만족하여 아이를 데리고 돌아갔다고 한다.

그런데 얼마 후 엄마들 사이에서 동일교회에 아이를 맡기면 그렇게 잘 돌보아 준다는 소문이 나기 시작하였다고 한다. 그 소문을 듣고 점점 더 많은 엄마가 아이들이 데리고 왔고, 처음에는 2명의 아이로 시작하였지만 1년이 지나니까 거의 120명이 되었다고 한다. 아이들이 너무 많이 와서 교회가 비좁아지자 논둑에 아이들을 앉혀 놓고 복음을 전하였다. 그런데 한 가지 다행인 것은 아이들이 아파트에서만 지내다가 논에 오니까 메뚜기도 잡고 송사리도 잡으면서 그렇게 좋아할 수 없었다고 한다.

이 목사는 전도사 시절에도 주일학교를 크게 부흥시켜 놓으셨다고 한다. 아이들과 전도의 접촉점은 놀이와 간식이었다. 주말이면 공을 가지고 놀이터로 나가서 아이들과 공을 가지고 놀아 주고 배드민턴도 치고 하면서 전도의 접촉점을 만들어 나갔다. 놀이가 끝나면 꼭 귤이나 아이스크림을 나누어 주곤 했는데 아이스크림을 사서 머리에 이고 교회로 올라가서 아이스크림을 나누어 주었다. 나누어 주면서 "이것 먹고 내일 교회에 안 와도 되는데 내일 오는 애는 착한 애들이고 안 오는 애들은 마음이 나쁜 애야."라고 코멘트를 하셨단다. 그렇게 얘기하면 다음 날 애들이 교회로 왔는데, 혼자 오기 쑥스러우니까 친구들까지 데리고 왔다고 한다.

이 목사는 이 방법을 동일교회 초기 어린이 전도에 활용하였다. 주말이 되면 마을 아파트 단지에서 호떡과 붕어빵을 구워 주고 아이들과 어울렸다고 한다. 아이들 입장에서 호떡과 붕어빵은 얼마나 좋은 간식거리인가? 그것도 교회에서 공짜로 나누어 주니까 아주 인기가 많았다고 한다. 또한 붕어빵 틀을 트럭에 싣고 다니면서 어린이들뿐만 아니라 동네 어른들에게도 나누어 주니 어린이들뿐만 아니라 어른들도 스스로 교회로 나왔다고 한다.

그런데 이 목사는 이에 그치지 않고 호떡 틀에 호떡뿐만 아니라 삼겹살을 굽기까지 하였다고 한다. 호떡 틀에 삼겹살을 구우면 구수한 냄새가 아이들을 불러 모았고 기름이 쫙 빠진 삼겹살을 아이들에게 나누어 주면 아주 맛있게 먹었다고 한다. 이 대목에서 목사님께서 어린이 전도에 얼마나 전심이었고 얼마나 기도를 많이 하였으면 호떡 틀에 삼겹살을 굽는 아이디어까지 생각해 내었을까 하는 감탄이 나온다.

그런데 이런 과정을 거쳐 더욱더 많은 아이가 교회로 나오기 시작하자 한 가지 문제가 생겼다고 한다. 아이들이 너무 많아 주일학교에서 아이들을 가르칠 선생님들이 부족하게 되었다고 한다. 이 문제 해결을 위해 고신대 출신인 목사님은 부산으로 가서 고신대 신학생들에게 아르바이트비를 주고 데려와 아이들을 가르치게 하여 이 문제를 해결하였다고 한다.

■ 지역으로 확대된 주일학교의 부흥

이 목사는 이제 아이들에게 바른 인성 교육을 시키기 시작한다. 우선 토요일에는 무조건 모여서 착한 일을 하고 스포츠 활동도 하고 먹을 것을 나누고 하였다. 이 활동을 토요 마을 공동체 거리 봉사라 이름 짓고 마을의 골목골목을 모두 다 깨끗이 청소하고 개울과 하천에 있는 쓰레기도 수거하며 청소 활동을 하였는데 이 봉사 활동이 지역에 크게 소문이 났다고 한다.

이와 함께 독특한 예절 교육도 병행했다. 예절 교육으로는 학교에서 선생님이 들어오시면 무조건 일어나서 "선생님, 안녕하십니까." 하고 고개 숙여 인사하게 하고 수업이 끝나면 복도에 서 있다가 "선생님, 감사합니다." 하고 인사하게 교육을 시켰다고 한다. 이 인사 운동을 하자 어떤 일이 벌어졌겠는가? 많은 교회 학생이 반장이 되는 일이 벌어졌고 선생님은 알게 모르게 수업 중에 이 아이들을 보며 수업을 진행하게 되었다. 아이들은 선생님께서 자신들을 귀히 여기고 관심을 가져 주니까 성적이 오를 수밖에 없는 선순환이 이어졌다고 한다. 이런 봉사 활동과 예절 교육이 이루어지고 주위에서는 동일교회의 아이들은 예절이 다르고 인사가 다르다는 소문이 나서 더욱더 주일학교 부흥이 일어났다고 한다.

■ 아이들을 통한 부모님 전도

동일교회는 아침 9시 예배 설교를 특별하게 시작한다. 아직 한글을 모르는 아이들에게 목사님이 전하실 성경 본문 구절을 암송하고 발표하게 한다. 아이들이 글은 모르지만 주일학교 선생님들이 소리를 들려주면서 성경 구절을 보여 주면 나중에는 글로 소리를 듣게 된다고 한다. 성경 구절 암송을 거의 한 달 전부터 준비시키는데, 이는 어떤 효과가 있었을까? 글도 모르는 아이들이 성경 구절을 암송하기 위해 매일 애쓰는 모습을 교회에 안 나오는 엄마가 볼 수도 있고 아빠가 볼 수도 있을 것이다. 이 과정을 통해 믿지 않는 부모님들이 교회에 대해 마음을 조금씩 열었다고 한다.

또, 아이들에게 연극을 가르치는데 공연 때가 되면 무조건 부모들을 초청하게 한다. 자기 아이들이 공연을 한다는데 안 나올 부모들이 있겠는가? 또한 교회에 음악실을 만들어 피아노와 바이올린을 교육하고 시외의 공연장을 임대해 일 년에 몇 번씩 음악회 공연을 한다고 한다. 이 행사에도 부모님을 포함하여 자기가 알고 있는 모든 사람을 다 초청하도록 한다. 이런 행사를 통해 부모님들이 교회에 친숙함을 느끼고 부담 없이 예배에 출석하기도 한다. 또한 아이들에게 식탁 기도를 가르치고 식사 전에 기도를 하게 하는데 자녀가 식탁에서 기도를 드리면 이것 하나만 가지고도 충분히 아빠가 변화될 수 있다고 한다.

■ 무료 공부방 운영

동일교회는 방과 후부터 저녁 9시까지 무료 공부방을 운영하였다. 이 공부방에서 많은 선생님이 공부를 가르치기도 하지만 그중 대학교수를 하다

일찍 은퇴하고 버스를 구입해 초등학생들을 데려와 공부를 가르치고 또 사모님은 아이들의 식사를 준비해서 대접하는 귀한 봉사 활동도 있었다고 한다.

공부방이 시작되고 아이들이 늘어나자 학부모님들이 이런 요청을 하게 된다. 우리가 아이들의 학비를 내겠으니까 선생님들을 제대로 모시고 수업을 가르쳐 달라는 요청이다. 이 요청이 받아들여지고 아이들과 선생님들의 숫자가 늘어나자 학무모들이 공부방 운영을 자청하게 되어 비영리 엄마 공동체가 생기게 된다. 지금은 약 400명의 엄마가 참여하고 있으며 이게 발전하여 비전스쿨이 된다.

비전스쿨은 음악 수업, 영어 수업, 예절 수업(인사 예절, 식사 예절 등), 그리고 매년 원어민 강사를 초청하여 3주 영어캠프를 개최하고 있다. 영어캠프가 진행되는 동안 불신자 강사들이 변화되어 주님을 믿는 기적이 일어나기도 한다. 그리고 이 수업을 듣는 아동들은 학교 수학 성적이 평균 80점을 넘는데 그중 성적이 미진한 학생이 있으면 엄마들이 들어와서 성적이 오를 때까지 지도를 한다. 이러다 보니 학부모들 사이에 많은 소문이 나게 되는데, 믿음과 사랑을 담은 아이들의 배움터, 사교육비는 줄이고 아이의 꿈이 쌓이는 곳, 워킹 맘에게 걱정 없이 아이를 맡길 수 있는 곳, 아이가 게임에 빠져 살지 않게 해 주는 곳, 안전하고 선한 돌봄이 있는 곳 등으로 비전스쿨을 묘사하곤 한다. 엄마 공동체에서도 믿지 않는 엄마들이 아이들을 위해 봉사 활동을 하다가 변화되어 교회에 나오게 되는 일이 일어나기도 한다.

이 외에도 주님을 모르고 방황하는 어린이나 청소년들이 있다면 어디든지 달려가 그들을 데려다가 보살피고 있다. 무너진 가정으로 고아 아닌 고아가 된 아이들, 편부모·맞벌이 가정에서 돌봄을 받지 못한 아이들 등 이런 소외된 아이들이 더불어 행복할 수 있도록 섬기는 예수촌 지역아동센터(HappyUp)도 운영하고 있다. 이 센터에서는 방과 후 아이들에게 공부도 가르치고 다양한 문화 체험 활동, 정기적 상담 및 신앙 지도 등도 하고 있다. 방황하는 청소년들을 위해 청소년위로센터도 운영하는데 청소년들이 밤이나 새벽에 와서도 이름만 적고 먹을 것을 챙겨 먹고 잠을 자고는 다음 날 아침에 떠날 수 있도록 하고 있다.

이상에서 살펴본 동일교회의 어린이 사역 역시 목사님의 끊임없는 기도와 노력의 결과이고 성령님의 인도하심이라고 본다. 이런 전도 전략은 한국뿐만 아니라 전 세계 어느 선교지에서도 적용될 수 있는 모범적인 어린이 사역일 것이다.

❸ 부산 서부교회

부산에는 오래전에 기네스북에 오른 세계 최대 규모의 주일학교 교회가 있었다. 백영희 목사가 시무하시던 부산 서부교회이다. 1951년 서부교회에 부임한 백 목사는 어린이 목회의 중요성을 인지하고 어린이 부흥이 곧 교회의 부흥이라는 목회 방침을 세웠다. 교회 사역의 방향을 어린이 사역에 맞춘 결과 1987년 서부교회 어린이 출석 인원수는 거의 만 명이 넘었고 학급은 6백여 개, 주일학교 교사인 반사는 1,350여 명이었다. 그 당시의 어린이 사역 부흥 방법이 지금 시대에 적용될 수 있을지 의문이지만, 참고를 위해 서부교회의 주일학교가 어떻게 부흥되었는지 간략하게 알아보도록 하자.

서부교회 주일학교 부흥의 원천은 백영희 목사의 어린이 사역 비전과 그 리더십을 따라온 반사의 역할이 절대적이다. 서부교회 성도들은 반사직을 가장 큰 봉사로 알았고, 어린 한 영혼을 천하보다 귀하게 생각했을 정도로 성도들 전체가 어린이 사역에 매진했다. 백영희 목사는 "반사직은 우리의 천직이요, 주업인 것을 알고 마음을 다하고, 힘을 다하고, 뜻을 다하고, 목숨을 다해서 죽도록 충성해야 한다."라고 늘 강조했다. 때문에 장로들도 '장로'라는 이름보다 '반사'라는 이름으로 불리기를 원했다.

서부교회 반사는 이미 아이들을 전도해서 가르치고 있는 반사와 반사를 도와주는 보조반사로 나뉜다. 서부교회 반사 개개인은 개척교회의 단독목회자와 같이 역할을 한다. 반사가 전도하여 데려온 어린이는 반사 소속 주일 학생이 된다. 그러다 보니까 전도를 많이 한 반사반의 경우 수백 명의 어린이가 소속되어 있다. 한 가지 특이한 것은 어린이들을 유치반이나 학년별로 반을 구분하지 않고 유치부부터 초등학교 6학년 학생까지 한 반에 통합시켜 두고 있다. 또한 어린이들에게 일절 선물을 주지 않으며 성탄절 때 사탕 한 알씩 주는 것이 고작이라고 한다. 주일학교에서는 어린이들이 기뻐하는 아동 심리 위주의 동화, 영화, 연극, 미술, 오락, 율동, 간식, 선물 등은 일절 하지 않는다. 주일학교 예배는 장년반과 똑같은 예배 의식으로 찬송은 장년반에서 사용하는 찬송가를 사용하고, 설교는 주경 설교로 장로교 신조와 교리를 골자로 한 장년반과 같은 설교로 가르친다. 지금 세대의 주일학교와는 많은 차이점을 보이고 있다.

반사는 임기제가 아니라 종신제이고 끊임없이 자신에게 다음과 같이 채찍질을 한다고 한다. "어린이를 위해 기도를 하자. 성경을 많이 읽자. 심방을 열심히 다니자. 아침 일찍 산 기도를 가자. 어린이의 애로점을 풀어 주자. 한 명의 어린이라도 더 많이 교회로 인도하자." 반사들이 이렇게 열심으로 교회를 위해 봉사를 하지만 정작 교회에서는 반사들에게 단 한 푼의 재정적인 보조도 하지 않는다. 반사들은 자비를 들여서 어린이들을 전도하고 또 교회로 데려온다. 서부교회 주일학교의 부흥은 이렇게 일반 사람들로서는 감탄을 금치 못할 만큼 헌신적인 반사들의 노고와 기도의 결실이다.

주일학교 운영에 대한 자세한 사항들(예배, 학생 관리 및 양육, 반사 양성 및 의무, 반사 대접, 반사 직무 방편, 주일학교 조직, 반사 준수 사항, 제반 규정, 기본수 제도, 미아 지도 등)을 알고 싶으면 다음의 웹 페이지를 참조하기 바란다.

- 부흥하는 주일학교

  : cafe.daum.net/enpyung/5DSa/10?listURI=%2Fenpyung%2F5DSa

- 왜 서부교회 주일학교인가?

: www.somangin.org/board/100

❹ 키즈 처치 스토리(스쿨Zone전도)

어린이들을 가장 많이 만날 수 있는 장소는 당연히 학교 등·하굣길이다. 박연훈 목사는 어린이 전문 사역자로 평생을 등·하굣길에서 어린이 전도를 해 왔다. 등·하굣길에서의 전도는 어떻게 해야 하는지《박연훈 목사의 스쿨Zone전도》책과 키즈 처치 부흥 이야기를 참조하여 정리해 본다.

■ 전도할 학교 선정

학교 앞 전도의 시작은 전도할 학교를 선정하는 것이다. 학교를 선택할 때 개척교회의 경우는 교회 내의 수 킬로미터 반경의 학교를 선택하고 기존교회는 이미 교회에 나오는 아이들이 많이 분포된 초등학교를 선택하는 것이 좋다. 교회에 출석하는 아이들은 학교 앞에서 선생님을 만나는 걸 무척 자랑스럽게 생각하며 그 아이들을 통해 다른 아이들에게도 쉽게 복음의 접촉점을 찾을 수 있다. 교회 주변에 학교가 몇 개 있을 경우는 월요일은 A 학교, 화요일을 B 학교 등 특정한 요일에 특정한 학교를 방문하는 것이 좋다.

■ 학교에 전도 협조 공문을 보내라

학교 앞 전도를 나가기 전에 반드시 협조 공문을 먼저 보내야 한다. 협조 공문에 들어갈 내용은 전도 기간과 시간(예를 들어 개학 기간 중 주중 1회, 등·하교 시간 30분~50분), 전도 장소(학교 정문 혹은 후문), 배부하는 것(전도지와 학용품 또는 마이쮸 등등), 전도 담당 목사 연락처 등을 기입하여 학교에 제출한다(샘플 양식 링크: http://www.holynet.

or.kr/2023/01/학교앞-전도의-10단계-결론은-정착입니다). 그리고 실제로 학기 초 전도를 시작할 때 학교에 전화로 허락을 받는 것도 좋을 것이다. 전도를 나가기 위해 아이들이 좋아할 색깔의 복장(파스텔 톤)을 착용하고 큼직한 명찰과 예쁜 피켓을 준비하는 것이 좋다. 전도는 2인 1조로 하는 것이 좋고 학기 내내 동일한 인물을 배정하는 것이 아이들과 안면 트기에 성공한다. 예를 들면 무슨 요일에 ○○ 초등학교 등굣길 전도에는 정문에 ○○○ 선생님과 ○○○ 선생님 그리고 후문에는 ○○○ 선생님과 ○○○ 전도사님, 이렇게 두 팀이 움직이는 것이 좋다.

- **전도의 시작은 안면 트기이다**

   전도를 할 때 가장 많이 겪는 문제는 한 달을 해도 쉽게 아이들이 교회에 오지 않는다는 결실의 문제에 봉착할 때이다. 당연히 금방 결실이 이루어지지 않는 것이 현실이다. 그래도 나가야 부흥한다. 여기서 꺾이면 다 꺾인다. 이 부분은 아예 각오를 해야 한다. 학교 앞 전도는 금방 결실을 이루기보다는 안면 트기라는 사실부터 인지하여야 한다. 몇 주가 지나고 안면 트기가 되면 아이들이 "선생님!" 하고 달려온다. 이렇게 친해져야 대화의 접촉점이 생긴다. 그때까지 기다려야 한다.

- **접촉점 찾기**

   2개월 정도 꾸준히 전도를 하였다면 이제 슬슬 접촉점을 만들어야 한다. 놀이터와 운동장은 아이들과 접촉점을 찾기에 매우 수월한 장소다. 여기서 아이들과 여러 게임을 하면서 친해져야 하는데 한 가지 명심할 것은 게임을 하면서 아이들에게 일부러 져 주어야 한다는 것이다. 예를 들어 페널티 킥 게임을 하였다면 아이들은 3명이 골키퍼를 하고 본인은 혼자 하면 자연스럽게 져 주게 된다. 게임을 마친 후 김밥천국이나 배스킨라빈스, 던킨도너츠 등 아이들이 좋아하는 가게로 가서 적당한 메뉴를 선정하고 이때 음식을 기다리는 동안 전도지를 나누어 주고 성경 퀴즈를 낸다. 물론 맞추면 메뉴 1개를 추가해 준다. 그러면 아이들이 아주 좋아한다.

- **■ 전도 축제 개설**

학교 앞 전도를 통해 어느 정도 아이들과 안면이 트고 교회가 잘 알려지면 이제는 전도 축제를 통해 더욱더 적극적으로 어린이 전도에 나서야 한다. 전도 축제는 3월 후반 신입생을 대상으로 하는 전도 축제, 5월 초 어린이 축제, 방학 중 7월 여름성경학교 전도 축제, 9월 후반 2학기 행복 축제, 그리고 11월 초순 보물찾기 전도 축제 등 1년에 4번 정도 하는 것을 권장한다. 전도 축제는 수백 명의 어린이가 와도 그들을 다 반에 세팅할 수 있는 교사들의 교육과 내실이 기해졌을 때 시행해야 한다. 그렇지 않으면 수백 명이 와도 우수수 그다음 주에 다 빠져나가기 때문이다. 내실을 기해야 한다는 것은 행정 시스템과 질 높은 예배 구축, 교사의 평준화가 되어야 한다는 것이다. 전도 축제에 또 하나 신경을 써야 하는 대목은 어린이들이 좋아할 콘텐츠를 준비하는 것이다. 그 예를 들면, 복화술, 버블매직쇼, 인형극, 매직콘서트, 모노드라마 등이다.

- **■ 학교 앞 전도의 결론은 정착이다**

아무리 많은 새 친구가 교회에 와도 정착이 안 되면 전도에 땀 흘린 여러 사람의 노력이 헛수고가 된다. 따라서 새 친구 정착 시스템이 교회에 구축되어 있어야 한다. 새 친구 정착 시스템은 대략 다음과 같다. 먼저 새 친구가 오면 새 친구 접수처에서 등록 카드를 작성한다. 그리고 새 친구 전담교사가 새 친구와 함께 예배실에 입실하여 새 친구 옆에 앉는다. 예배 후새 친구 환영 시간에 새 친구와 그 새 친구를 교회로 인도한 친구에게 모두 동일한 선물을 주고 환영한다. 그 후 4주간 새 신자 좌석에서 공부한 후 해당 반으로 등반 축하를 해 준다. 이때 해당 담임 교사는 선물로 아이를 맞이하고 그 아이의 이름을 온라인 교적부에 올리는 것이다.

박연훈 목사의 학교 앞 전도에 대해 보다 더 자세히 알고 싶으신 분들은 《박연훈 목사의 스쿨Zone전도》를 참조하거나, 010-2281-8000으로 전화해 특강 신청을 해 보기 바란다.

나. 해외 어린이 선교 사례

국내 어린이 전도에 이어 해외 선교지에서는 어떻게 어린이 선교가 진행되는지 몇몇 사례를 알아보자.

❶ 필리핀 K 선교사

K 선교사는 십수 년 전 필리핀의 빈민촌에 정착하여 어린이 사역을 진행하였다. 그곳은 가난과 굶주림, 마약과 폭력, 그리고 범죄에 노출된 곳으로 먹을 것이 없어 쓰레기 더미를 뒤지던 사람들에 의해 형성된 마을이었다. 처음 그곳에 작은 월세방을 구한 후 월셋집 마당에 천막 교회를 세워 주위의 아이들에게 복음을 전하기 시작하였다.

천막 교회 초기의 가장 시급한 일은 아이들의 가난과 배고픔을 해결해 주는 것이었다. 경제적 자립을 위해 아이들에게 기술을 가르치기 시작했는데 한국에서 재봉틀 10대를 후원받아 재봉 기술을 가르쳤다. 하지만 기술을 가르칠 기술자가 없어 기도하며 기다렸는데 마침내 한국에서 성가대의 성가복을 만드는 여사장님이 오셔서 2일 만에 아이들에게 기술을 가르치고 가셨다. 기술을 전수받은 아이들이 재봉틀로 에코백을 만들어 팔아 가정 살림에 보탬을 주었는데 에코백 한 개를 만들어 팔면 쌀 8kg을 살 수 있는 돈이 되었다. 자기 아빠가 건설 노동자로 일하면 벌 수 있는 일당 수준이었으니 아이들이 신나서 에코백을 만들었다.

다음은 제과 제빵 사역이다. 장비는 거의 다 준비하였는데 아직까지는 빵 만드는 기술을 가르쳐 주는 사람이 없는 실정이다. 이곳 아이들이 선교사로 키워지는데 제빵 기술 재능 기부를 하실 기술자를 구하고 있다. 아이들이 제빵 기술을 배워 자기 고향으로 돌아가 카페를 열어 한국식 빵과 필리핀 빵을 만들어 판매한다면 매우 경쟁력 있는 사업이 될 것으로 생각한다. 또한 그곳에서 가난한 청소년들을 모아 기술을 가르치고 복음을 전하는 선교사로 세워질 것을 꿈꾸고 있다.

천막 교회에서 적은 수의 어린이들로 예배를 시작하였지만 점점 성장하여 이제는 약 150명 정도의 어린이가 모여 주일날 예배를 드리고 있는 교회로 발전하였다. 지금은 이 아이들의 배고픔부터 해결하기 위해 무료 급식 센터를 계획하고 있다. 제빵 기술로 빵을 만들어 아이들에게 점심 도시락을 싸 주어서 배고픔을 이겨 내고 열심히 공부할 수 있도록 하는 사역을 꿈꾼다.

이렇듯 희망이 없는 빈민촌 아이들에게 스스로 자립할 수 있는 봉제 기술과 제빵 기술을 가르쳐 전문인 선교사로서 준비를 시키고 장차 주의 복음을 들고 필리핀의 빈민촌과 열방을 향해 나아가는 전문인 선교사로 헌신하도록 가르치려고 계획 중이다.

- 사역 문의: jejas91@hanmail.net

❷ 아프리카 N 선교사

N 선교사는 어린이 선교 초기에 50여 명의 아이들과 함께 큰 나무 그늘에서 예배를 드렸었다. 그러던 중 주님의 은혜로 벽돌 교회 건물이 완공되어 더욱 큰 기쁨으로 그 지역 아이들에게 복음을 전하고 있다. 복음 전파와 동시에 그 지역의 필요가 무엇인지 살펴보던 중 수도 공사가 절실함을 알았다. 그곳은 10년 전 일본의 후원으로 수도 공사가 완공됐으나 3년 전부터 파이프가 파손되어 사용할 수가 없게 되었다. 그러다 보니 아이들이 온

갖 쓰레기로 오염된 냇물과 빗물을 사용하였는데 많은 아이가 피부병으로 고통을 받았다.

그들을 돕고자 하는 간절한 열망이 생겨 계속 기도하던 중 한국 어느 협회의 도움으로 수개월에 걸쳐 파이프와 물탱크를 수리하여 거의 100가정이 깨끗한 수돗물을 사용하게 되어 아이들과 함께 주민들이 많이 기뻐하였다. 또한 근처의 초등학교가 빗물을 받아 사용하고 있었는데 우물 공사를 해 주어 깨끗한 식수를 사용하도록 하였다. 이 공사를 통해 연결된 초등학교의 교장선생님을 만나 모든 학생에게 새 소식반 프로그램으로 복음을 전할 수 있도록 승낙을 받고 복음을 전하고 있다.

또한 쌀, 양파, 설탕, 닭고기, 과자 등을 꾸려 사랑의 전달자가 되어 고아인 아이들에게 도움을 주고 있으며 그들에게 복음을 전달함과 동시에 그들의 필요를 채워 주기도 한다. 고아들의 학비가 밀렸으면 학교에 방문하여 납부금도 지불하여 배움을 이어 나가도록 하고 있다. 유치원, 초등학교 등에서 어린이 집회를 가지고 복음과 함께 과일 또는 과자를 간식으로 준비하여 주님의 은혜를 나누기도 한다. 학교에서 1일 캠프를 진행하여 찬양과 모세 이야기, 복습 게임, 모세 영화 상영 등으로 복음을 전하기도 하고 성탄절이 되면 성탄 찬양과 성탄 뮤지컬, 성탄 성극 등을 공연하여 주님의 탄생을 어린아이들과 함께 기뻐하고 복음을 전한다.

주일학교 어린이 사역 교사들을 대상으로는 8주 동안 매주 토요일마다 새 소식반 강습회를 열어 강의와 찬양, 어린이 설교 시범과 복습 게임 자료 등을 소개해 어린이 사역 동역자들로 교육시키고 있다. 또한 선교지 주위의 여러 토착 교회를 다니면서 어린이 전도 강습회를 열어 어린이 설교 자료, 어린이 찬양, 시각 자료를 사용한 설교, 그리고 게임 등을 소개하고 있다. 강습회를 마친 교사들은 복음을 아이들 수준에 맞게 어떻게 적용하는지 배우게 되어 좋았다고 하며 어린이들과 십 대들을 어떻게 다뤄야 하는지 알게 되었다고 한다.

❸ 아프리카 S 선교사

S 선교사 역시 열악한 환경 속에서도 열심히 어린이 전도를 하고 있다. 어린이들이 방학을 하면 여름캠프를 열어 성경학교를 실시하고 말씀과 복습 게임 그리고 레크리에이션을 통해 신나는 시간을 보낸다. 그리고 어린이 학교 교사들을 대상으로 한 달간 저녁마다 어린이 전도를 위한 방법을 가르쳐 준다. 매주 주일학교 전도와 새 소식반 그리고 유치원 새 소식반을 진행하며, 가난한 이웃들에게 쌀을 나누며 복음을 전하는 양식 나눔 프로젝트도 실시하고 있다. 이제는 어린이 사역을 함께할 수 있는 동역자를 필요로 하고 있다.

❹ 브라질 W 선교사

W 선교사는 브라질에 도착하여 선교 사역을 시작하면서 한국과는 전혀 다른 환경 변화를 겪게 된다. 언어 훈련을 위해 구하였던 숙소에서는 24시간 동안 엄청난 소음을 매일 경험해야만 했는데 소음이 너무 심해 잠을 청할 수 없어 노트북에 스피커를 연결하여 찬양을 크게 틀고 잠을 청해야만 잠을 조금 잘 수 있었다. 아침에 일어나면 머리가 흔들릴 정도의 소음 그리고 가끔 총소리도 들리는 열악한 상황을 경험하게 된다. 이 과정을 통해 더 이상 브라질에서 두려움을 갖지 않도록 했지만 많은 날 동안 마음의 안정이 필요했다. 그런 환경에서 한 달 반 훈련을 겪은 후 주님께서 조용하고 위험부담이 없는 살 집을 구하게 하셨다. 하지만 그곳에서는 어린이가 혼자서 심부름을 하려고 가게나 슈퍼로 물건을 사러 가는 경우가 드물어 길에서 어린이들을 만나 복음을 전할 기회가 별로 없었다.

어린이 사역의 시작은 다음과 같다. 먼저 온 선교사님이 사역하시는 고아원에 방문하여 실제 선교 사역을 경험하였다. 그 후 한 달간 빈민촌 전도를 시작하고 현지인 식사를 준비하여 어린이 전도를 시작하였고 밥을 얻어 먹으러 오는 어린이들을 대상으로 찬양과 성구를 가르치며 전도를 하였다.

어린이 전도는 유치원과 초등학교로 나누어 말씀을 전하고 동시에 여러 지역의 어린이 사역자들을 대상으로 어린이 전도 교육회를 열었다. 이 나라는 주일 저녁 7시에 대예배를 드리므로 대부분의 현지인 교회에는 어린이 예배가 없다. 이런 사정을 기회로 돌려 성경 말씀을 가르치고 복음을 들려주는 어린이 교사 양성을 하여서 많은 교회에서 어린이 예배가 진행되도록 하고 있다.

❺ 동티모르 K 선교사

K 선교사는 동티모르에서 여러 가지 방법으로 어린이들에게 복음을 전하고 있다. 야외에 나가 물을 긷는 어린이를 만나 종이접기를 통해 복음을 전하기도 하고, 어린이 성경 읽기 캠프를 통해 복음을 전하기도 한다. 성경 읽기 캠프에서는 성경을 읽고 말씀을 나누기, 성경 말씀의 빈칸 채우기, 창세기 내용을 그림으로 만들어 순서대로 맞추게 하고 그 내용을 말하게 하기, 요셉 이야기를 연극으로 만들어 공연하기 등의 활동을 하고 있다. 또한 그 나라 여러 곳을 다니면서 어린이들을 만나 복음을 전하고 현지 교회 목사님들과 긴밀한 협력을 하기도 한다. 그와 동시에 어린이 전도 사역자를 세우기 위해 교사를 발굴하고 그들에 대해 성경 공과 교수법과 어린이 전도의 중요성을 가르치고 실습과 평가를 하기도 한다. 또한 차세대 어린이 전도 지도자들에게 신학교 등록을 주선하며 돕고 있다.

다. 청소년 전도법

어린이 전도에 비해 청소년 전도가 어렵다고 한다. 하지만 청소년 사역만 거의 30여 년 해 온 문근식 목사의 의견을 빌리자면 청소년 전도는 어렵지 않으며 어찌 보면 가장 쉽다. 문 목사의 저서 《어? 되네! 청소년전도》와

《disciple》지에 게재된 청소년 전도법을 인용, 요약해 본다.

❶ 학교로 찾아가는 전도

요즘은 교회에 청소년들이 잘 나오지 않는데 청소년들이 교회에 안 나오는 주된 이유는 학원과 과외 수업이 주말과 주일에 몰려 있기 때문이며 인터넷이나 게임으로 잠을 늦게 자 주일 오전에는 깨어 있는 청소년들이 드물기 때문이다. 문 목사는 이의 해결책으로 교회에 학생이 오지 않으면 학교에 교회를 세우면 된다고 한다. 학교 안에 기독교 동아리 모임을 만들기 위해 다음 3단계 과정을 제시한다. 첫 번째, 교회 내에서 학교별로 모여 학교를 위한 기도 모임을 가진다. 두 번째, 학교별 기도 모임이 정착되면 그 모임을 학교에서 할 수 있도록 기회를 잡아라. 사역자가 학교에서 기도 모임을 인도할 때는 꼭 양복을 입고 가기를 권한다. 모임은 점심시간을 이용해 짧게 모이고 항상 간식을 준비해 가라고 한다. 세 번째, 학교를 위한 기도 모임에 불신자들의 참여가 늘면 전도 모임으로 전환하라. 이때 학교 내에 있는 기독 교사를 섭외해 모임 장소와 동아리 등록을 지원받아라.

이런 과정을 거쳐 동아리 모임이 정착되면 불신 학생 전도를 실행하는데, 구체적인 실행 방법은 문 목사의 책을 참조하기 바란다.

이런 방법으로 학생들이 교회로 나오면 그들을 교회에 정착시키기 위한 특별한 노력을 기울이라고 조언한다. 문 목사의 설문 조사에 의하면 새로온 친구들이 교회에 잘 정착하지 못하는 이유는 다음과 같다. 첫 번째, 교회가 재미가 없다. 두 번째, 예배 시간이 너무 이르다. 세 번째, 불신 부모가 반대한다. 이 세 가지 문제에 대한 해결책 역시 문 목사의 책 3번째 장에 나와 있으니 참조하기 바란다.

❷ 있는 그대로 받아들여라

청소년들을 생각하면 쾌활하고 발랄한 이미지가 떠오를 수도 있고 뉴스를 장식하는 불량한 이미지가 떠오를 수도 있을 것이다. 청소년들에 대한 선입견을 바꾸고 그 아이들을 있는 그대로 받아들이고 품어 줄 수 있다면 아이들은 자연스럽게 따라오게 돼 있다. 전교 1등을 하며 품행이 모범적인 아이라 할지라도, 그 아이는 십자가의 은혜가 필요한 한 영혼이며, 반대의 경우도 마찬가지다. 아이들이 좀 불량하면 어떤가? 술, 담배를 못 끊는 아이들이면 어떤가? 폭력 전과가 있고 강제 전학을 다니는 아이들이라 할지라도, 사랑과 관심이 필요한 한 영혼일 뿐이다. 우리가 먼저 아이들을 재단하고 평가하지 말아야 한다. 아이들은 이 점을 예민하게 알아차린다.

가끔 담배 피우는 학생들을 훈계하다가 곤욕을 치렀다는 어른들의 기사가 실릴 때가 있다. 그런 문제를 그냥 지나쳐야 하는가? 아니다. 누군가는 학생들의 일탈 행위를 지적해 줘야 한다. 그러나 지적의 방식이 바뀔 필요가 있다. 우선 지적부터 하는 게 아니라 인근 마트에 가서 귤이나 컵라면 같은 것을 사 온다. 그리고 아이들에게 전해 준다. 그러면 99%의 아이들은 황송해하면서 얼른 담뱃불을 끈다. 추우니 감기를 조심하라고 따뜻하게 말해 주어라. 그중 여학생이 껴 있다면, 나중에 예쁜 아기를 낳으라고 축복해 주어라. 굳이 담배를 끊으라고 말하지 않아도 자기들이 알아서 끊겠다고 할 것이다. 나중에 길을 걷다가 마주치면, 그 아이들이 먼저 알아보고 인사도 해 줄 것이다.

담배를 끊으라고 말하고 싶었을 때 담배를 먼저 보기보다는 전도를 해야 할 한 아이의 영혼을 먼저 보아야 한다. 문근식 목사는 전도지로 전도해 본 적은 그리 많지 않다고 한다. 대신 사탕, 초콜릿, 빵, 컵라면 등이 전도지 역할을 했고, 그것으로 충분했다고 한다. 청소년 시절은 관계성에 아주 민감한 시기다. '저 아이를 전도해서 부서를 부흥케 하리라.'라는 마음이 내 안에 가득하다면, 전도를 받는 대상이 먼저 눈치채고 거부감을 드러내기에 십상이다. 대신, '네가 예수님을 믿든 안 믿든 나는 너에게 관심이 있단다.' 하는 마음으로 다가가라. 그것이 예수님이 우리에게 성육신하신 마음이라고 생각한다. 아이가 당신에게서 예수님의 마음을 느낄 수 있다면, 이미 절반은 전도에 성공한 것이다.

❸ 청소년들이 자주 모이는 곳으로 가라

청소년들을 전도하려면 그들이 많이 모이는 곳으로 가야 한다. 학교를 마친 후 아이들이 많이 모이는 곳은 '어른들이 잘 안 가는 곳'이다. 인근 초등학교 뒤편, 다리 밑, 건물 옥상 등 우리 눈에는 잘 안 보이는 곳에 아이들이 즐겨 모이곤 한다. 어둠이 깔리는 으슥한 시간이면 더 잘 모인다. 학원과 학원 사이의 어정쩡한 시간이나, 학원이 끝나고도 집에 가기 싫은 아이들은 늘 그런 곳에 모여 있기 마련이다. 사실 그런 곳에 있는 아이들이 가장 전도하기 쉽다. 학교는 출입에 제한이 있고, 하교 시간은 학원에 가느라 바쁘고, 학원을 마치면 자기들끼리 어딘가로 몰려가기 때문에 진지하게 대화를 나눌 수 있는 시간 자체가 허락되지 않는다. 그러나 보통 사람들이 가기 꺼리는 그곳에는 아이들이 언제나 있다. 그리고 그 순간만큼은 한가하기 짝이 없다. 그냥 친구와 있는 것 자체가 좋기 때문이다. 그곳으로 조그만 간식을 들고 찾아가 보라. 처음에는 어색해서 말도 트기 어려울 테니, 그냥 주고 인사만 하고 오라. 그리고 며칠 후 또 가 보아라. 한 번, 두 번 주다 보면 알아서 아이들이 먼저 알아볼 것이고, 또 어느새 소문이 퍼져서 그 아이 친구들까지 호감을 느끼고 당신을 대할 것이다. 주의할 점은 처음부터 너무 복음만 전하려고 하지 말라는 점이다. 오늘 하루 나가고 말 것이 아니라면 언제든지 복음을 전할 기회는 충분히 온다. 많이도 필요 없이 주 1~2회만 밤에 나가서 간식을 주고 오면 된다. 한 달 안에 아이들과 안면을 틀 것이고, 그 때는 당신이 무슨 말을 해도 다 들어 줄 자세가 돼 있을 것이다.

그렇게 아이들과 안면을 트게 됐다면, 적당한 날을 잡아서 교회로 한번 초청하라. 아이들이 일어나기 힘든 주일 아침 시간이 아니라, 서로 한가한 시간을 잡아서 오라고 해야 한다. 초청해서도 굳이 순서를 마련할 필요는 없다. 그냥 간식 먹고 쉴 수 있도록 해 주면 된다. 밥을 먹여 주고 싶다면 가까운 중국집에서 짜장면을 시켜다 줘도 충분히 황송해하며 먹을 것이다. 아이들이 교회에서 심심해하지 않을까 걱정하지 않아도 된다. 이미 아이들은 마음 맞는 친구들끼리 그룹을 지어서 온 것이기 때문에 놔두면 자기들끼리 알아서 수다를 떨면서 놀게 돼 있다.

그렇게 교회로 발을 디딘 아이들은 그 뒤로도 알아서 자기들끼리 교회에 찾아오게 돼 있다. 이것이 몇 번 익숙해지고 나면 아이들과 함께 시간을 약속하고 조촐하게 성경 공부처럼 모임을 시작하면 된다. 기간을 10주 정도로 잡고, 성경 공부를 완주한 아이들에게는 방학 때 1박 2일로 MT를 데려가 준다거나 하면 눈에 불을 켜고 개근하려는 분위기도 만들 수 있다. 청소년 시기에는 자기들끼리 어딘가로 떠난다는 것 자체만으로도 가슴이 터질 만큼 행복한 일이다. 자기들끼리 간다고 하면 당연히 집에서 허락받지 못하지만, 교회 목사님이 대신 허락을 받아 줄 것이니 모임에 충성스럽게 나올 수밖에 없다(부서 예산을 감안해서, 차량과 음식 재료비 정도만 제공하고, 숙박비는 자기들이 회비를 내서 제출하도록 유도하라. 나도 방학 중 3~4회 정도 MT를 치르는데, 항상 숙박비는 아이들이 내는 게 원칙이다).

❹ 오고 싶은 교회로 만들어라

이처럼 아이들을 만나서 교회로 데려오는 것 자체는 별로 어려운 일이 아니다. 밤에 간식을 들고 돌아다닐 마음만 있다면 누구나 할 수 있다. 문제는 그렇게 나온 아이들을 교회가 별로 달가워하지 않는다는 점이다. 그리고 주일날로 국한해서 본다면 교회는 아이들에게 전혀 매력적인 곳이 아니다. 주일날 오전에 드리는 예배는 안타깝게도 시간부터가 전도 대상자들에 대한 배려가 없는 것이다.

요즘은 많이 바뀌었지만, 아직도 오전 9시에 중고등부 예배를 드리는 곳이 절반 이상이라고 알고 있다. 30년 전에는 주일 아침 9시면 모든 아이가

다 일어나 있었지만, 오늘날 그 시간에 깨어 있는 청소년들이 과연 몇 %나 될 것으로 생각하는가? 가족과 함께 교회에 나오는 아이들이야 부모님들이 알아서 깨워 주겠지만, 전도 대상자들에게 그런 것을 기대할 수나 있겠는가?

나는 주로 토요일 오후에 전도된 아이들과 모임을 갖지만, 토요일에도 교회와 심심찮게 마찰을 겪곤 한다. 다음 날이 주일이라 깨끗하게 청소해 놓았는데, 교회가 뭔지 잘 모르는 청소년들이 들어와서 어지럽혀 놓고 가니 관리를 하는 집사님 입장에선 여간 짜증 나는 일이 아닐 수 없기 때문이다. 왜 불량 청소년들을 데려와서 교회를 양아치 소굴로 만드냐는 항의를 수도 없이 받았다. 그때 봤던 구절이 잠언 14장 4절이었다. "소가 없으면 구유는 깨끗하려니와 소의 힘으로 얻는 것이 많으니라" 아이들이 없다면 교회는 깨끗할 것이다. 그러나 깨끗한 교회는 우리가 추구해야 할 목표가 아니다. 교회는 아이들 때문에 더러워야 한다.

좀 친해지고 나니까 토요일이 아닌 평일에도 하루가 멀다 하고 찾아오곤 했다. 문제는 늘 늦은 시간에 온다는 것이다. 그것 때문에 늘 밤늦게까지 교회를 지키고 있어야 했다. 덕분에 새벽에 일어나기가 너무나 곤욕스러웠지만, 그 시간이 있어서 아이들이 잘 정착할 수 있었다. 아이들이 오고 싶어 하는 교회는 언제든 들어와서 심심하면 수다 떨고, 답답하면 기도할 수 있는 그런 곳이다. 교회 안에서 그것 때문에 마찰이 생긴다면, 당신에게 주어진 십자가라고 생각하고 설득해 내든지 아니면 스스로 청소를 하든지 해서라도 아이들이 마음 편히 올 수 있는 곳으로 만들어 주어라.

'열정은 목소리가 큰 것이 아니라 지치지 않는 것'이라는 말이 있다. 청소년 전도에 은사가 있으신 분을 지금까지 여럿 만나 봤다. 20대 청년 전도사님부터 50대 권사님까지 연령대도 다양했고, 아이들에게 접근하는 코드도 각각 다양했다. 그러나 한 가지 공통점이 있다면 아이들을 위해 '기다릴 줄 아는 분들'이었다는 것이었다. 눈앞의 열매에 일희일비하지 않는 분들이었고, 주변의 칭찬이나 항의에도 흔들림 없는 분들이었다.

우리는 전도 외에도 많은 교회 사역을 지고 있다. 일이 많아지는 시즌이 되면 어느 순간 피곤함에 지쳐 버리고, 언제 열매가 맺힐지 기약도 없는 이 일에 왜 에너지를 쏟아야 하는지 회의감에 빠질 때도 있다. 그러나 낙심하지 말자. 갈라디아서 6장 9절의 말씀에서도 "포기하지 않으면 때가 이르매 거두리라"라고 약속하고 있지 않은가. 눈물로 뿌린 씨앗은 반드시 언젠가 열매를 맺게 되어 있음을 기억하면서, 오늘 밤부터 집 주변이나 교회 주변의 아이들에게 줄 간식을 들고 밤 나들이를 나가 보길 권한다.

❺ 관계의 중요성

청소년 사역의 핵심은 관계가 중요한 관계 사역이다. 문 목사는 학생들에게 친구 같은 교사가 되기 위해 다음과 같은 10계명을 제시한다.

▶ 설교는 기억 못 해도 밥 사 준 건 기억한다. 일단 많이 먹여라.

▶ 웬만큼 친해지더라도 어색함을 피하려면 1 대 1로 만나지 말라.

▶ 잡담을 많이 하여 아이들을 편안하게 만들어라.

▶ 아이들이 알 수 없는 이유로 삐쳐도 낙담하지 마라.

▶ 학과 공부와 과외로 지친 아이들에게 무계획의 즐거움을 누리게 하라.

▶ 청소년들은 유머 감각이 있는 사람을 좋아한다. 유머 감각을 키워라.

▶ 호감도는 전염성이 강하다. 아이들의 마음을 얻어라.

▶ 주보나 웹 페이지에 올리는 교사의 사진을 자주 바꾸어 친근감을 주어라.

▶ 주에 한 번 추첨을 통하여 당첨된 아이에게 근사한 식사를 사 주어라.

▶ 설교를 할 때 가르치는 아이들의 관계를 활용하라. 집중도가 높아진다.

라. 어린이 전도 교육기관과 자료

국내에서든 국외에서든 어린이 전도로 많은 열매를 맺기 위해서는 어린이 전도 전문 기관의 훈련을 받는 게 좋다. 몇몇 어린이 전도 교육기관을 알아보자.

❶ 한국어린이전도협회

한국어린이전도협회는 어린이 전도 훈련을 제공하는 한국의 대표적인 선교 단체다. 전국에 본부를 비롯한 54개 지회가 분포되어 있으며, 소년 소녀들을 예수그리스도의 복음으로 전도하고 하나님의 말씀으로 세워 나가며 지역 교회에 정착시키는 일을 목적으로 하고 있다. 이곳에서 제공되는 훈련은 다음과 같다.

■ 새 소식반 훈련

새 소식반은 평일에 주일학교에 다니지 않거나 하나님에 대해 배우지 않는 어린이들을 대상으로 훈련된 크리스천 교사들이 가정, 놀이터, 교회, 유치원, 방과 후 교실 등에서 부모님의 허락하에 어린이들에게 복음을 전하고 하나님의 말씀으로 양육하여 가까운 교회로 인도하는 어린이 전도 프로그램이다.

새 소식반은 선교지에서도 유용하게 사용된다. 대부분의 선교지에서는 어린이 스스로가 교회에 오기 어려운 형편이다. 그래서 교회 밖에 있는 어린이들에게 직접적으로 다가가서 복음을 전하고 예수님을 영접하도록 하는 도구가 바로 새 소식반이다. 새 소식반은 성경 이야기를 중심으로 찬송과 율동, 성구 암송, 흥미로운 선교 실화를 들려주고 다양한 방법의 복습 게임을 통해 가르침을 강화하고 간식과 나눔으로 교제하는 1시간짜리 프로그램이다.

새 소식반 교사들은 전국 각 지회에서 열리는 새 소식반 주간 강습회에서 새 소식반 운영 시범을 보고 훈련을 받아 새 소식반을 운영한다. 봄 학기(3~5월)와 가을 학기(9~11월) 12주 동안 월요일, 화요일에 찬양과 율동, 특강, 새 소식반 시범, 조별 모임 등을 약 2시간 반 동안 진행한다. 새 소식반 교사 강습회 등록은 다음 링크를 방문하기 바란다.
- http://www.cef-gnc.org/

■ 3일 클럽 훈련

3일 클럽은 여름방학과 겨울방학 3일 동안 동네 어린이들을 골목이나 놀이터에 모아 매일 1시간씩 전도하여 교회로 인도하는 어린이 전도 프로그램이다. 이 훈련은 어린이들이 자기들의 동네와 놀이터에서 복음을 쉽게 접할 수 있고, 잘 훈련받은 교사들이 전도하므로 결신율이 높으며, 3일 동안 하루 한 시간씩 짧은 시간에 집중적으로 복음을 전하므로 단기간 많은 전도를 할 수 있다는 장점이 있다.

강의는 개인 전도법, 상담법, 설교법, 찬양과 요절 암송 지도법 등이 있으며 3일 동안 전도할 찬양, 요절 암송, 성경 공과, 복습 게임 등의 시범을 보여 준다. 그 후 자체 연습과 야외 전도 실습을 거쳐 실전에 투입된다. 3일 클럽 교사 훈련은 여름은 5월에 그리고 겨울은 12월에 있으며 훈련 신청은 다음 링크에 있는 가장 가까운 지회에 연락하면 된다.
- https://www.cefkorea.org/branch/

■ 절기 강습회

절기 강습회는 새 학기, 여름성경학교, 어린이날, 성탄절 등 각 절기에 맞는 프로그램으로 복음을 전할 수 있도록 하는 교육이다.

새 학기 절기 강습회

새로 임명된 교사들에게 영성 훈련을 중심으로 교육하여 효과적으로 주일학교를 운영할 수 있도록 하는 교육 프로그램이다.

여름성경학교

절기 강습회 중에서 꽃이라고 할 수 있을 만큼 중요한 여름성경학교 강습회를 위해 VBS 연구팀을 조직하여 체계적이고 효과적으로 어린이들을 하나님의 말씀으로 변화시킬 수 있도록 준비한다.

파티 전도

어린이날(5월)과 크리스마스(12월) 전후에 새 소식반이 없는 지역의 동네 어린이들을 파티에 초청하여 절기에 맞는 흥미로운 파티를 열어 절기의 의미와 복음을 전하고 예수그리스도에게로 초청, 상담하여 결신하게 하는 1일 절기 전도 방법이다.

매년 5월 5일 어린이날과 12월 25일 성탄절을 기준으로 하여 교사 강습회를 하며 교재는 무료로 배포한다. 문의 전화번호는 02-3401-8291이며 웹 사이트는 https://www.cefkorea.org/이다.

■ 교사 교육 과정

교사 교육 과정은 유치부 세미나, 슈퍼 세미나, TCE 교육, 선교사 훈련 등의 교육을 한다.

유치부 세미나

미취학 어린이들이 이해할 수 있는 언어로 하나님의 말씀을 가르치며, 그들에게 그리스도를 구주로 영접할 수 있게 가르침을 주는 교사 훈련이다. 이론과 실습을 병행한다.

슈퍼 세미나

교회 학교에서 실시할 수 있는 교사들을 위한 3단계 교육이다. 1단계는 전도, 2단계는 양육, 그리고 3단계는 제자 훈련이며 자세한 내용은 다음 링크를 참조하기 바란다.

www.cefkorea.org/education/education.asp?cat=3&code=2

TCE(Teaching Children Effectively) 교육

TCE는 어린이를 전도하고 가르칠 때 신선한 접근을 주기 위해 설계된 교육 과정이다. TCE 1단계와 TCE 2단계 교육이 있으며 교육 목표와 과정, 과목 등 자세한 사항은 다음 링크를 참조하기 바란다.

www.cefkorea.org/education/education.asp?cat=3&code=1

선교사 훈련

선교지에서 사역하고 있는 선교사들의 실제적인 강의와 영역별 전문 강사들을 통한 어린이 전문 선교사를 양성하는 훈련(MTS, Missionary Training School)이다. 자세한 사항은 다음 링크를 참조하기 바란다.

www.cefkorea.org/education/education.asp?cat=3&code=22

▪ 어린이 전문 지도자 과정

IOT(Instructor of Teachers) 과정과 CMI(Children's Ministries Institute) 과정이 있다. 자세한 내용은 다음 링크를 참조하기 바란다.

www.cefkorea.org/education/education.asp?cat=4

❷ 한국어린이교육선교회

본 선교회는 앞서 언급한 꽃동산교회 김종준 목사의 주도로 설립되어 해외에서 선교를 하는 몇 안 되는 단체이며 서울에 본부를 두고 국내외 많은 지역에 지회를 설립하여 선교와 교육 사역을 담당하고 있다. 주일학교 회복을 위한 교사 강습회를 일 년에 두 번(신년, 여름) 정도 주말에 하는데 회비 및 교재비는 무료지만 인터넷 사전 등록을 요한다. 주일학교 부흥을 원하는 교사들에게 아주 유익한 강습회이다. 접수 및 문의는 02-929-0420 또는 웹 페이지(www.kcem.org)에 방문하여 교사 강습회 신청 메뉴를 클릭하면 된다. 참고로 2023년 여름 강습회에는 다음과 같은 프로그램을 실시하였다. 자세한 내용은 다음 링크를 참조하기 바란다. www.kcem.org/main/sub.html?pageCode=33

▶ 여름성경학교 및 캠프 찬양 율동
▶ 코로나19 이후 주일학교 회복과 부흥을 위한 노하우
▶ 다음 세대를 살리는 명품 주일학교 만들기
▶ 영유아·유치부 특별한 성경학교 만들기
▶ 침체된 주일학교 부흥을 위한 교사의 사명
▶ 2023 여름캠프 및 성경학교 기획부터 진행까지
▶ 다시 세우는 중고등부 수련회 아이템
▶ 영유아·유치부 부흥 핵심과 전도 방법
▶ 여름성경학교 및 캠프 찬양 율동
▶ 회복하고 연결하고 성장하는 부모 자녀 소통 교육
▶ 초·중·고·대학교 하굣길 쉽고 행복한 전도 방법
▶ 영유아·유치부 성경학교 오감 활동 프로그램
▶ 다음 세대 교육의 혁신적 모델 제시

▶ 위기 속 한국 교회 주일학교 미래 통찰 보고서

▶ 청소년, 복음이 간절한 오늘의 세대

▶ 신나고 재미있는 성경학교 레크리에이션

❸ 한국어선교회

한국어선교회는 어린이 그림 성경 워크북으로 예수그리스도와 복음을 전하는 특수 선교회다. 국제일러스트선교회와 한국어선교회의 합작품인 워크북은 듣고 보는 수동적인 학습이 아니라 누구나 직접 쓰고 그리고 채색하게 하는 능동적인 성경 공부 학습서다. 워크북은 선교사님과 현지 교사의 말씀을 들으며, 성경 공부와 따라 그리기(밑그림을 기준으로 자유롭게 또는 선 따라 똑같이)와 채색 과정으로 자신만의 작품집을 소장하는 즐거움과 함께 결국 예수님을 만나게 하는 동기 부여 역할을 하게 한다. 복음을 자연스럽게 전할 수 있도록 어린이 그림 성경과 복음 전도의 징검다리 역할을 하는 안데르센 그림 동화도 워크북에 함께 실어 제작하였다. 전 세계 벽지 선교지에 워크북을 무료로 보급하고 있으며 연락처는 010-7202-2435, 웹 사이트는 www.kmission.kr이다.

❹ 어린이에게 복음을 설명하고 결신을 유도하는 예

어린이 전도 집회나 성경 캠프에 참가한 어린이들에게 복음을 잘 설명하고 결신을 유도하는 과정을 가져야 하는데 실제로 어떻게 하여야 할까? 자료를 찾던 중 정석진 목사의 방법이 아주 간결하고 복음의 핵심을 잘 설명하는 것 같아 소개하고자 한다(유튜브: https://www.youtube.com/watch?v=jFvXbgVqvv4&t=100s, 1분 40초에서 5분 22초까지). 이와 비슷한 방법은 책《박연훈 목사의 스쿨Zone전도》의 19장(기도-접촉-초청-복음 제시-열매 맺기)에도 나와 있다(글 없는 책으로 설명).

어린이 여러분, 안녕하세요?

하나님은 여러분을 사랑하십니다. 하나님은 여러분을 창조하셨죠?

(이 대목에서 달력 크기의 글 없는 그림책 《The Wordless Book Visualized: Flashcard Visuals》를 보여 주면서 진행한다.)

하나님이 지으신 이 세상에 여러분을 두셨습니다. 하나님은 여러분을 사랑하셨죠.

거룩하셔서 그에게는 전혀 죄라는 것이 없었습니다. 하나님은 그분의 거룩한 나라, 천국을 만드셔서 여러분과 영원히 함께 살기를 원하셨죠. 그러나 여러분을 그 나라로 들어가게 막는 한 가지 일이 있습니다.

그것은 죄입니다. 죄는 하나님이 기뻐하시지 않는 생각, 말, 행동들이죠. 여러분이 하나님을 믿지 않는다면 바로 여러분은 죄를 짓고 있는 것입니다. 또 여러분이 마음속으로 누군가를 미워하거나 또 누군가를 속였다면 그것 역시 바로 죄입니다. 여러분은 그 죄에 대한 책임이 있습니다. 여러분은 하나님으로부터 그 죄에 대한 형벌을 받아 하나님과 함께하지 못하고 영원히 떨어져 있게 됩니다.

그러나 하나님은 여러분이 이 벌을 받지 않도록 해결할 해결책을 허락해 주셨습니다. 바로 예수님이십니다. 예수님은 하나님의 아들이시고 어떤 죄도 짓지 않으신 분이십니다. 예수님은 오히려 저와 여러분의 죄의 형벌을 자기가 대신 지시고 십자가에 못 박혀 돌아가셨습니다. 그분은 십자가에서 돌아가셔서 무덤에 묻히셨지만 하나님은 그를 무덤에서 다시 살려 내셨습니다.

오늘 이 예수님은 하늘 보좌 위 하나님 우편에 앉아 계시고 이 세상을 통치하시는 왕으로 계십니다.

오늘 여러분들은 이 예수님에 대한 이야기를 들었습니다. 그리고 하나님이 이 이야기에 대해서 약속을 하나 주셨습니다. 그것은 성경의 요한복음 1장 12절입니다.

"영접하는 자 곧 그 이름을 믿는 자들에게는 하나님의 자녀가 되는 권세를 주셨으니"

이 말은 여러분이 이 예수님을 믿고 마음속에 받아들인다면 여러분의 죄를 용서받고 지금 즉시 하나님의 자녀가 될 수 있다는 하나님의 약속입니다.

다 같이 눈을 감고 머리를 숙이시겠어요? 제가 하는 질문에 그렇게 하기를 원하는 어린이가 있다면 손을 높이 들고 저를 쳐다보세요. 오늘 이 시간에 요한복음 1장 12절을 믿고 예수님을 여러분의 마음속에 모셔 드리기 원하는 친구가 있다면 모두 손을 높이 들고 저를 쳐다봐 주세요.

예, 또 있습니까? 예, 고맙습니다.

방금 손을 든 친구들은 모두 순서가 끝나면 저를 만나 주세요. 제가 성경을 통해서 어떻게 예수님을 내 마음속에 모셔서 하나님의 가족이 될 수 있는지 또 여러분의 질문에 대해서 성경을 통해 말씀드리겠습니다.

이 복음 핵심 설명과 결신 요청 내용을 암송한다면 어떤 어린이 모임에서라도 바로 복음을 전할 수 있고 결신을 유도할 수 있다. 같이 사용할 그림책은 *cefpress.com/the-wordless-book-visualized-flashcard-visuals.html*에서 구할 수 있다.

2장
다문화 이주민 선교

2장 다문화 이주민 선교

"너희는 나그네를 사랑하라 전에 너희도 애굽 땅에서 나그네 되었음이니라"(신명기 10:19)

2023년 6월 말 현재 법무부 통계에 따르면 체류 외국인의 수는 약 241만 명으로 집계되었고, 국적별 순위는 중국, 베트남, 태국, 미국, 우즈베키스탄, 필리핀, 러시아, 몽골, 인도네시아, 캄보디아 등등의 순서이다. 이 중 대부분이 10/40 윈도우에서 왔으며 법적으로 선교가 금지되어 있는 나라에서 온 사람들도 많이 있다. 선교에 동참하고 싶지만 선교지로 나갈 형편이 되지 않는 사람들에게 얼마나 좋은 선교 기회인가? 주님이 우리에게 주신 절호의 기회다. 현재 다문화 이주민에 대한 선교가 국내의 여러 교회와 단체에 의해 활발히 이루어지고 있는데 어떤 사역들이 이루어지는지 알아보자.

가. 한국외국인선교회

외항선 선교와 북한 선교를 하면서 외국인 선교에 비전을 품었던 전철환 목사가 한국에 눈에 띄게 늘어난 외국인들을 보고 2001년 열방의 친구들(Friends of All Nations, FAN)이라는 명칭으로 한국외국인선교회를 세웠다. 한국에서 일하는 외국인들을 대상으로 그리스도의 사랑과 복음을 전하고 본국으로 귀국할 때는 선교사로 역파송할 사명을 붙들고 컨테이너 박스 하나에서 시작하였다. 하지만, 지금은 38개의 국내 지부가 세워져서 활발하게 이주민 사역을 해 나가고 있는 단체로까지 발전하였다.

전 목사는 외국인선교회의 설립을 위해 우선 어디에 외국인이 많이 있는지 리서치를 하였다고 한다. 그리고선 인천 남동공단 근처에 컨테이너 박스를 놓고 선교를 시작하였는데 한글과 컴퓨터를 가르친다고 전도지를 돌렸지만 두 달이 지나도 한 사람도 오지 않았다. 그러다가 추석이 가까워질 때 어떤 분이 "이 사람들을 만나려면 추석에 한 3일 정도 쉬니까 추석 프로그램을 만들어라. 추석 농사를 잘 지어야 일 년 농사를 잘 지을 수가 있다."라고 알려 주었다. 어떤 행사를 할지 고민하다가 축구 대회를 열기로 하고 남동공단 몇 군데에 'International Football Tournament'라고 적힌 플래카드를 걸어 놓았다. 그리고 각 공장에 팸플릿을 나누어 주면서 추석날 아침 10시에 남동공단 운동장에서 축구 시합을 한다고 알리고 다녔다.

그런데 문제는 추석날 몇 명이 참석할지도 모르고, 오면 식사도 대접해야 하고, 상품도 있어야 하고, 기념품도 있어야 하고, 자원봉사자도 있어야 해서 어쩔 줄 모르다가 공단 주위의 큰 교회 목사님을 찾아가서 교회 축구팀하고 남동공단 외국인 노동자와 축구 시합을 하자고 제안하였다. 추석날 운동장에 교회 축구팀이 50명 정도, 외국인이 150명 정도 왔고 추석 전날 함께 있던 방글라데시 친구들과 함께 200인분의 치킨커리볶음밥을 준비하여 모든 참석자와 맛있는 식사를 하였다. 그리고 마칠 때 선교회 주소와 전화번호가 새겨진 수건을 나누어 주고 어렵고 힘들 때 선교회에 찾아오라고 하였지만 3주가 지나도 아무도 연락이 오지 않았다고 한다.

그런데, 3~4주 정도가 지나자 한 태국 노동자가 "목사님, 월급 좀 받아 주세요." 하고 도움을 요청하였다고 한다. 3개월 치 월급을 못 받았는데 수십 번 찾아가서 월급을 받게 해 주고 또 다른 채불 케이스도 하나씩 하나씩 해결해 주니까 외국인 노동자들 사이에서 컨테이너 박스에 찾아가면 월급을 받아 준다고 소문이 났다. 찾아오는 외국인 노동자들의 문제를 해결해 주면서 동시에 컨테이너 박스에서 주일 오후에 미팅을 한다고 알려 주었다.

그렇게 해서 오는 사람들과 초청해서 오는 사람들에게 복음송도 불러 주고 저녁을 맛있게 대접하였는데 11월 정도 되니까 많은 사람이 모이기 시작하였다. 그때 또 주위의 교회에 도움을 요청하였는데 크리스마스가 다가오니까 교회 찬양팀을 보내서 우리에게 크리스마스 캐럴을 가르쳐 달라고 하였다. 그리고 크리스마스의 의미를 알려 주고 성경의 요셉, 다니엘 같은 이주민 이야기도 들려주면서 서서히 복음을 전하기 시작하였다고 한다. 그리고 날이 추워지자 주위 교회에 외국인 노동자들이 더운 나라에서 왔으니까 안 입는 외투가 있으면 세탁해서 가져와 달라고 부탁을 하였고 스타렉스 3대 정도의 옷이 왔다고 한다. 공장들을 찾아가 필요한 사람은 와서 가져가라고 하니까 약 200명 정도가 와서 외투를 입고 갔다.

　그러면서 본격적인 사역이 시작되었고 다섯 개의 언어로 예배를 드리고 쉼터도 만들었다. 각 언어로 예배를 인도하는 사역자는 한국의 신학교에 유학 온 각 나라 신학생들에게 부탁하였고 그들에게 전도와 제자 훈련 등도 부탁하여 예배 공동체가 만들어졌다. 우리나라에 온 외국인 노동자는 대부분 무슬림, 힌두권, 불교권에 집중되어 미전도 종족이 가장 많은 10/40 윈도우에서 왔다고 한다. 전 목사는 외국인 노동자들이 돈을 벌려고 한국에 왔다고 하며 어느 한 사람도 복음을 들으려고 오지 않았다고 한다. 이 얼마나 적나라한 팩트인가? 그런 그들에게 복음을 전하기 위해서는 우선 그들의 필요를 알고 도움의 손길을 보내야 한다고 강조한다. 이것은 어느 선교 현장에서라도 꼭 기억해야 할 부분이라고 생각한다.

　FAN에서는 다음과 같은 사역으로 외국인 노동자들에게 복음을 전하고 있다.

　복음 전도 사역: 지역 교회와 협력하여 주님의 지상 명령인 "만민에게 복음을 전파하라."라는 말씀을 따라 국내에 거주하는 240만여 명의 외국인들에게 복음 전파하는 것을 최우선으로 한다.

제자 양육 사역: 전도된 외국인들을 1 대 1의 제자 훈련 또는 다양한 신앙 훈련을 통해서 그리스도의 제자로 양육한다. 그리고 제자로 훈련된 외국인들이 신학 교육이 필요할 경우 신학교육 과정도 받을 수 있도록 한다.

선교사 훈련: 각 신학 대학 및 기독교 대학 학생들을 동원하여 자원봉사자를 모집하고 이들에게 선교 실습, 즉 언어 훈련과 타 문화권 이해, 타 종교 접촉을 자연스럽게 경험하도록 하여 양질의 선교사들을 훈련시켜 파송한다.

지속적인 국내 사역: 현지에서 수년간 사역하던 선교사들이 일시 및 영구적으로 귀국했을 경우 이들에게 선교할 수 있는 장을 만들어 국내에서도 지속적인 사역이 이루어지도록 한다.

자국민 전도 연결: 현재 한국에서 일하는 근로자, 유학하고 있는 외국인 학생 등 외국인들이 선교 현지 사역과 교회 개척을 돕도록 한다.

현지 교회 개척 사역: 훈련된 외국인 제자들과 국내 선교사 후보생들을 선교지 지역 교회에 연결시켜 선교 현지 사역과 교회 개척을 돕도록 한다.

전 목사의 이주민 선교에 대한 조언을 몇 가지 알아보자.

▶ 이주민 근로자가 예배에 참석할 경우 될 수 있으면 같은 나라 사람들을 모아 예배를 드리라고 한다. 성경 공부 역시 마찬가지다. 언어가 안 통하면 교회에 와서도 서먹서먹하여 한두 번 오다가 안 온다고 한다. 하지만 같은 나라 사람들을 묶어 주면 교회 정착률이 높다고 한다. 그런데 이주민 선교를 처음으로 시작한다면 어떻게 해야 할까? 이 경우에는 그 지역에서 가장 많은 국적의 이주민 예배를 먼저 시작하고 그 예배가 정착되면 또 그다음 많은 국적의 이주민 사역을 하면 될 것이다. 그리고 가끔 여러 국적의 이주민들과 통합 예배를 드리는 것도 좋다고 한다.

▶ 이주민 다문화 가정의 경우 엄마가 아이들의 숙제를 도와주는 것은 언어 문제로 거의 불가능하다고 한다. 그래서 다문화 가정 자녀가 많이 다니는 학교 근처에 방과 후 교실을 만들고, 학교 교장선생님을 찾아가 아이들에게 알려 달라고 부탁한다. 방과 후 교실은 선교의 접촉점으로 이상적인 장소이며 아이들을 데리러 오는 다문화 가정 엄마들에게도 복음으로 인도하기 좋은 장소이다.

▶ 이주민 근로자들이 FAN에서 신앙생활을 한 후 본국으로 돌아갔을 때, 복음이 잘 전달된 이주 노동자의 경우 본국에서도 신실한 신앙생활을 하며 그곳의 한인 선교사를 도와 선교 활동에도 많은 도움을 주는 경우도 있다고 한다. 그러므로 이주민 근로자 사역을 할 때 그들 한 사람, 한 사람을 미래 선교사로 보고 복음을 잘 전달할 필요가 있다고 강조한다.

▶ 교회의 절기에 초신자 이주민들을 초대할 때 굳이 교회로 초대하지 않아도 되고 근처 마을 회관이나 학교 강당 같은 데에 초대해도 된다고 한다. 우리가 해외에 나갔을 때 절이나 모스크에서 어떤 행사를 한다고 초대받았을 때 가기가 꺼려지는 것과 같은 이치라는 것이다. 하지만 성탄절에는 교회에서 행사를 열기에 아주 적절한 절기이므로 교회로 초대하라고 권한다. 바자회를 열어 저렴한 가격의 옷이나 맛있는 음식을 판매할 때도 교회에서 하라고 권하고 있다.

▶ 교회 옆이나 근처에 이주민 쉼터를 마련하는 것을 권하고 있다. 주말에 그곳에 와서 편히 쉬기도 하고, 교제도 하고, 자기들이 좋아하는 본국 음식을 만들어 먹을 수도 있는 장소가 있다면 그곳이 바로 복음의 접촉점이고 교회에 대한 좋은 이미지를 형성한다는 것이다.

▶ 현재 이주민 사역을 하고 있는 교회나 단체는 1천여 곳이 된다고 한다. 많

게 느껴지겠지만 한 곳에서 평균 100명씩 전도를 한다면 10만 명밖에는 전도를 못 하는 실정이다. 따라서 전국 5만여 교회 중에 2만 교회가 100명씩 전도를 책임진다면 200만 명을 전도할 수 있다. 전국의 많은 교회가 이주민 분과를 만들어 선교에 동참하기를 호소한다.

▶ 주님께 준비된 사람을 보내 달라고 열심히 기도하라고 조언한다. 그러면 고넬료를 준비하신 것처럼 복음을 들을 준비가 되어 있는 이주민 근로자를 보내 주신다고 한다. 그리고 너무 서두르지 말고 주님의 인도하심을 따라가면 점진적인 사역의 열매를 맺을 거라고 한다.

이주민 사역을 효과적으로 하기 위해 FAN에서는 이주민 사역자, 교회 개척자 및 소그룹 인도자를 훈련하는 교회 개척자 훈련 프로그램인 TM(Train&Multiply) 훈련을 실시하고 있다. 대개 한 달에 한 번 실시되며 목요일 오후에 시작해서 금요일 오후에 마친다. 자세한 사항은 다음과 같다.

▶ 장소: FAN 훈련센터(충청남도 예산군 대흥면 하탄방리 1)
▶ 강사: 전철한 목사(한국외국인선교회 대표)
▶ 회비: 10만 원(30만 원에 상당하는 교재 및 숙식 제공)
▶ 준비물: 세면도구 및 개인 용품
▶ 참가 신청: lby3131@naver.com(이배영)
▶ 연락처: 010-9237-2253(전철한)

현재 FAN에서는 영어, 필리핀어, 러시아어 예배를 드리고 있으며 다음과 같은 봉사 활동 사역에 동참을 원하는 동역자들을 구하고 있다.

상담 사역(신앙, 노동, 이주 여성, 법률 상담), 쉼터 운영, 의료 사역, 다문화 사역, 이·미용 봉사, 주일 오후 예배 식사 봉사, 차량 봉사, 특별 행사 지원 봉사 등이다.

나. 남부전원교회

남부전원교회의 이주 근로자 사역은 당시 평택 관내에 거주하는 필리핀 출신의 근로자를 대상으로 그들의 일터로 찾아가서 영어 예배를 드리기 시작한 것이 효시가 되었다. 그 후 관내에 거주하는 중국인 근로자들의 증가에 관심을 갖게 되어 평신도로 구성된 4명의 집사가 모여 기도 모임을 갖고 평택 공단을 중심으로 중국인들을 찾아 나서기 시작하였다. 이런 사역의 결과로 지금까지 남부전원교회에 등록한 필리핀 성도는 3천여 명, 중국인 성도는 5천 명에 이르고 있다. 그렇다면, 어떻게 이주 근로자 사역에서 이런 큰 성과를 얻게 되었는지 그 구체적인 사역 내용을 간략하게 알아보도록 하자.

남부전원교회의 이주 근로자 사역은 다음과 같은 핵심 프로세스로 시작하였다. **근로자들에 대한 필요 채움→관계 형성→복음 전도→제자화→일꾼 양성→이민 교회.**

필요 채움
근로지에서의 부당 대우, 임금 체불, 사건 사고 등 인권 상담, 본국으로의 해외 송금 대행, 의료 자원봉사 단체와 연결, 민간 의료보험 사업과 연계 협력, 자국 공관 방문 시 차량 지원, 컴퓨터 사용 지원, 한국어 강좌 등으로 그들의 필요를 채움.

관계 형성

심방, 상담, 교제, 춘절 행사(춘절 축제 1일, 전체 수련회 1일), 중추절 행사(에버랜드, 서울 투어), 성탄 축제, 춘계 체육회, 축구, 악기 동아리 활동 등으로 그들과의 관계를 형성함.

복음 전도

새 신자반 교육, 구원의 확신, 세례 교육 등 복음을 전함.

제자화

단계별 성경 공부를 통한 제자 훈련, 수련회, 교회 봉사 등으로 제자 공부를 함.

일꾼 양성

재생산 사역, 리더 수련회, 중국 본토 사역 준비, 신학교 공부 등으로 일꾼을 양성함.

이민 교회

위의 모든 과정을 거쳐 본토로 돌아가면 이민 교회를 개척할 수 있도록 지원함.

남부전원교회는 위의 과정을 시행하면서 많은 선교의 열매를 맺었고 그 과정들 속에서 여러 문제점이 있었지만 주님의 사랑으로 다 극복하였다. 그 갈등과 그 해결책은 참고 문헌에 있는 《남부전원교회의 이주근로자 사역 사례》를 참고하기 바란다. 이 문헌에 나와 있는 갈등과 해결책 하나를 소개하면 다음과 같다.

이민자와 본국에 있는 '이민자 가족과 갈등'이다. 현재 한국에 거주하는 이주 근로자는 결국 본국으로 돌아갈 자들이다. 한국에서 예수그리스도를 믿고 신앙생활을 하였다고 귀국한 후에 본국에서 어려움 없이 신앙을 생활하리라고 미리 단정 지어서는 안 된다. 그들 가정의 종교를 염두에 두어야 한다. 그들의 가족이 과거 수십 년 동안 해 온 종교 생활과 신념 또는 이념, 삶의 철학으로 인해 이주 근로자가 본국으로 귀국하였을 때 가족 사이에 불화가 생길 수 있다는 점을 염두에 두고 교제를 해야 한다. 그들이 귀국하였을 때 생길 수 있는 부부 사이, 부모 자식 사이의 종교 갈등을 비롯한 다양한 갈등을 예상해야 한다.

실례로 남부전원교회에서도 이러한 일들이 발생하기 시작하였다. 공산당 1당 체제인 중국은 공산당에 대한 이념이 개인과 가족에게 신념화가 되어 있는데 예수를 믿고 난 이후, 이주 근로자는 그 이념을 버렸지만 가족과 갈등이 발생하게 되었다. 남부전원교회는 중국 선교 여행을 통해 그의 가정에 방문하여 그 가족과 친구가 되고, 신뢰를 주고자 하였다. 이러한 선교 여행을 통해 그들의 가족도 복음을 받아들이고 갈등이 해결되는 놀라운 일들이 일어났다.

다. 오륜교회

오륜교회는 서울 강동구에 위치하고 있으며 서울, 수도권 다문화 이주민을 대상으로 선 교사역을 진행하고 있다. 오륜교회의 이주민 선교는 국제 사역부를 중심으로 이루어지고 있으며 외국어 예배부, 국제한가족센터, 선교언어학교로 세분화되어 진행된다.

❶ 외국어 예배부
예배와 제자 훈련 중심의 교회 개념으로 주 사역은 외국인들을 위한 언어권별 예배 사역이다. 주일에는 영어, 중국어, 러시아어, 일본어, 인도네시아어, 베트남어, 벵골어, 7개의 언어로 예배를 드리며 평일에는 성경 공부, 제자 훈련, 새 신자 교육, 세례 교육 등이 행해진다. 주일 예배는 유튜브와 위챗을 통해 방송되어 중국과 베트남 본토의 가족과 친척, 지하 교회 성도들과 함께 은혜를 나누고 있다.

❷ 국제한가족센터

국제한가족센터는 다문화 이주민들의 복지를 위해 설립되었으며 다문화 이주민 사역의 핵심 기관이다. 그 세부 사항은 다음과 같다.

▪ 결혼 이주 여성 사역

이 사역을 시작할 당시 한국에 다문화 가정 여성들을 위한 프로그램이 제대로 구성되어 있지 않아 정부와 긴밀히 연결되어 사역을 시작할 수 있었다. 현재 결혼 이주 여성 사역은 한국어 교실, 미술, 음악, 댄스를 가르치는 힐링 교실, 비즈, 손뜨개질, 요리, 코디법, 메이크업 등을 가르치는 행복 교실, 부부관계나 자녀 양육 세미나, 그룹 미술 치료인 아트 테라피, 수시로 다문화 자녀 대상 언어 치료, 상담 등의 사역을 진행한다. 이와 함께 새소식반 사역이 이루어져 매주 복음을 전할 기회를 찾고 함께 예배할 수 있도록 노력하고 있다. 또한, 다문화 가정의 남편과 시부모님의 반대로 이주 여성들과 아이들이 교회에 나오지 못하는 경우가 빈번한데 이를 위해 교회에서 가정방문이나 교회 초대를 통해 이주 여성들이 직접 소통하지 못하는 부분들을 봉사자들이 돕기도 하고, 여기서 좋은 마음을 경험한 가족들이 이주 여성들의 교회 참여에 호의적으로 변하는 경우가 많다고 한다.

▪ 이중언어학교

결혼 이주 여성들의 언어나 사고방식은 한국 사회와 문화에 섞이기에는 어려운 수준인 경우도 많고, 성인 이후 배운 언어이기 때문에 언어적 발전에 한계가 있는 경우도 많다. 이는 본인 스스로도 어렵지만, 사실상 한국어를 모국어로 성장하는 자녀들과 언어적, 정서적 소통의 문제가 심화되는 경우들이 증가하고 있는 현실이다. 이러한 문제를 돕기 위해 오륜교회에서는 결혼 이주 여성 대상의 한국어 교육과 함께, 다문화 자녀들을 대상으로 한 어머니의 모국어와 문화를 가르치는 '이중언어학교' 사역을 진행하고 있다.

이중언어학교의 교사는 같은 교회 유학생들로 운영되고 있기 때문에, 개인과 자국의 발전을 위해 멀리 한국에 와서 공부하고 있는 유학생 선생님들이 언어는 물론 어머니 나라의 문화와 자긍심을 심어 주는 좋은 모델과 멘토로서 역할을 해 주고 있고, 더 나아가 아이들이 어머니 나라에 대한 애정이 생기게 되고, 신앙도 가르치면서 자연스럽게 그 나라를 위한 선교적 마인드를 가질 수 있도록 권면하고 있다. 이 자녀들을 통해 부모님이 전도되기도 하는데, 이들이 다음 세대에 중요한 선교적 자원이 되기를 소망하고 있다.

■ 이주민 사역

이 사역은 교회 외에 다른 다문화 이주민 센터나 이주민 교회와 동역하는 사역을 전담하고 있다. 이 사역에 연계된 의료선교회에서 매 주일 외국인들을 위한 무료 진료 서비스 '사랑의 클리닉'을 운영하고 있으며 한국에서 의료 혜택을 제대로 받지 못하는 외국인들을 위해 구청의 허가를 받아 의료 서비스를 제공한다. 여기에는 단순 진료만이 아니라 초음파 검사와 치과 치료 등이 가능한 장비를 구축하고 전문 의사와 간호사들의 봉사로 운영되고 있어서 수술과 산부인과를 제외한 대부분의 진료가 가능해서 매주 50여 명의 외국인이 의료 혜택을 보고 있다고 한다. 거의 모든 의료 혜택으로부터 완전히 사각지대에 있는 불법체류자들이 교회에 방문하게 되는 주요 통로가 되고 있다고 한다.

■ **정부 기관 협력**

　오륜교회 국제한가족센터의 사역 중 특이한 영역이 하나 있는데, 그것은 지역 경찰서, 구청 등과의 상시적인 소통, 협력 관계를 맺고 있는 것이다. 강동경찰서, 강동구청, 지역 내 다른 다문화 지원 센터와 함께 다문화 가정의 가정 문제 상담, 빈곤 예방, 생활 및 의료 지원, 통역 서비스 제공 등 민간에서는 다 감당하기 어려운 영역을 논의하고 실질적인 협력이 이루어지게 하고 있다. 이와 같은 협력 체계가 구축되면서 다문화 가정에 여러 가지 긴급한 상황이 생겼을 때 정부 기관들과 빠르게 소통하며 적시적인 문제 해결에 지원을 받을 수 있게 되었다.

❸ **선교언어학교**

　선교언어학교는 다문화 이주민들이 필요로 하는 한국어 수업 사역과 다문화 이주민 스스로 선교지 언어인 자국어를 다양한 필요를 가진 한국인들에게 가르치는 선교 언어 수업 사역을 주된 사역으로 하고 있다. 이 사역 역시 오륜교회 다문화 이주민 사역이 공동체 구성원들을 사역의 주체로 세우는 중요한 가치를 반영하는 대표적인 사역이라고 할 수 있다. 한 사람의 선교사가 파송 지역을 정하고, 파송되어 현지에서 본격적으로 사역하기 위해서 반드시 거쳐야 하는 과정이 짧게는 1~2년, 길게는 3~4년이다. 선교 후보생들이 이미 국내에 들어온 각 선교지의 원어민들인 다문화 이주민 지체들을 통해 선교지 언어를 한국에서부터 준비할 수 있다면, 그리고 언어뿐만 아니라 그 과정에서 선교지 문화와 정서도 함께 배울 수 있는 기회가 있다면 그보다 더 좋은 준비는 없을 것이라 생각한다. 사실 이 부분은 오륜교회 등의 지역 교회 차원에서 시행되기보다 교단과 선교 단체, 지역 교회와 이주민 교회 모두가 함께 논의하여 하나의 선교사 훈련 시스템으로 구축하는 시도가 필요할 것이라고 본다.

라. 온누리교회

　온누리교회는 두 개의 기관을 통해 다문화 선교 사역을 하고 있다. 주말에는 온누리M미션을 통해 15개국 언어로 예배를 드리는 40개의 예배 공동체로 사역을 하고 있고, 주중에는 온누리M센터를 통해 "나그네를 사랑하라."라는 하나님의 말씀을 실천하고 있다.

　온누리M센터는 다양한 인종, 언어, 문화가 함께 어우러져 모자이크 공동체를 이루는 곳이다. 외국인 근로자, 유학생, 다문화 가정 등 다양한 외국인과 한국인들이 함께 어우러져, 다양한 언어로 예배를 드리고, 또한 국가별 공동체가 형성되어 서로를 도와주며 한국에서 건강한 삶을 지속할 수 있도록 돕고 있다. 온누리M센터 내에는 국가별 공동체뿐 아니라, 온누리다문화지역아동센터, 다문화평생교육원, 협동조합, 스마트팀, 다문화상담소 등의 프로그램을 운영하여, 외국인들과 다문화 가정의 자녀들이 지역사회의 건강한 구성원으로 활동할 수 있도록 지원하고 있다. 이런 사역을 통해 지난 30년 동안 온누리교회는 약 만 명의 이주민 출석 성도가 있었고 그중 700명 정도가 세례를 받았으며 30명의 역파송 선교사를 배출하였다.

　온누리M센터는 1년 사역 사이클에 따라 사역을 진행한다. 구정과 여름에는 국가별 수련회를 가진다. 봄에는 축구 대회를 통해 이주민 형제자매들과 한국인 봉사자들이 함께 어우러져 교제하는 시간을 가진다. 평소 예배 공동체에 나오지 않던 이주민 형제들이 많이 참여하여 전도의 기회로 활용되는 소중한 시간이 되었다. 8월에는 연합세례식이 거행되며 매년 약 30~40명이 세례를 받고 예수님을 구주로 영접한다.

　추석에는 연합집회(하비스트)가 열리며 2022년 하비스트의 경우 안산 온누리M센터와 Youtube, Facebook으로 생중계되었다. 코로나19로 3년 만에 열리는 연합집회에 400여 명의 이주민 지체들이 함께 모여 하나님께 경배를 드리고 말씀과 기도로 예배를 드리는 시간을 가졌으며, 10여 개국이 참여한 바자회의 수익은 백혈병으로 치료받고 있는 몽골 소년의 수술 비용을 지원하는 데 사용되었다.

성탄절에는 M페스티벌을 열고 이 땅을 찾아온 우리 이주민 형제자매들과 함께 이 땅에 찾아오신 아기 예수님을 예배하고 춤과 노래로 각국의 다양한 문화를 펼쳐 보이며 즐거운 시간을 가졌다. 300여 명의 이주민과 5개국의 80여 명의 참가자가 함께한 M페스티벌에서는 전통 춤을 비롯해 캐럴 메들리, 연극과 찬양, 스텝 블레싱 등이 진행되었다.

온누리M센터에서는 자원봉사자와 후원자를 모집하고 있는데 자원봉사 영역은 다음과 같다.

예배 공동체 섬김(토요일, 주일): 이주민 선교 학교 교육 수료 후 안산, 화성, 김포, 평택, 남양주 M센터 각 언어권 공동체의 필요에 따라 섬길 수 있다.

식당 봉사(주일): 안산 온누리M센터에서 주일 오전 식당 봉사로 설거지, 테이블 정리 등으로 섬길 수 있으며, 그룹 봉사 신청을 받고 있다.

의료 봉사(토요일, 주일 2~4 p.m.): 의료 봉사를 통해 센터별 섬김이 가능하다. 현재 토요일 오후 5시, 주일 오후 2~5시 의료 진료가 진행되고 있는데, 참여 신청 시 교육 수료 후 참여할 수 있다.

번역 및 통역(언제든지): 안산 온누리M센터 행사 외 필요에 따라 번역 및 통역으로 섬길 수 있다.

디자인 및 IT 섬김(언제든지): 안산 온누리M센터에서 배너 및 팸플릿, IT 관련 디자인 등으로 섬길 수 있다.

자원봉사자는 소정의 교육을 거치고 봉사에 투입된다. 자원봉사 신청 연락처는 다음과 같다.

- 웹 사이트: onnurimcenter.org
- 이메일: onnurimission.29@gmail.com

마. 나섬공동체

나섬공동체는 나그네를 순례자로(역파송 선교), 노마드 경제 선교적 기업(자립 선교), 한국 교회 보석(은퇴자 시니어 선교)을 모토로 나그네를 섬기고, 나눔으로 섬기고, 나아가서 섬기는 공동체이다. 다음과 같은 공동체를 가지고 있다. 서울 외국인근로자선교회, 나섬교회, 뉴라이프미션 동대문 비전센터, 한민족평화네트워크, 미션하이웨이, 재한몽골학교, 몽골울란바타르문화진흥원, 몽골평화캠프, 나섬어린이집 등이다. 몇 가지 공동체를 소개하면 다음과 같다.

❶ 서울 외국인근로자선교회

나섬공동체의 모태가 되는 기관이다. 대한예수교장로회 소속 선교회로서 하나님께서 선교의 대상으로 보내 주신 외국인 근로자들을 예수 그리스도의 사랑으로 섬기며 그들에게 복음을 전하기 위하여 1996년에 설립되었다. 현재 몽골, 서남아권(인도), 이슬람권(이란, 터키), 영어권(필리핀, 아프리카), 중국권, 베트남권으로 나뉘어 매 주일 150여 명 정도가 예배를 비롯한 다양한 모임에 참여하고 있다. 선교회에서는 다음과 같은 연중 연합 행사를 실시한다.

신앙 수련회

국내 외국인 근로자를 대상으로 매년 구정 연휴 기간에 경기도 양평 다문화생태마을에서 신앙 수련회 프로그램을 진행하며 매번 100여 명이 참석하고 있다. 첫날은 연합 찬양 예배로 말씀과 기도회 시간을 갖고 권역별 행사를 진행한다. 둘째 날에는 새벽 예배와 아침 식사 후 《천로역정》 프로그램을 진행하며 그리스도의 발자취를 따라 기독인의 삶을 다짐하는 시간을 갖는다. 프로그램 후 피자와 스파게티를 만들어 먹고 온천 체험을 하면서 구정 수련회를 마무리한다.

부활절 연합 예배

예수님의 부활을 기념하여 나섬교회와 외국인근로자선교회가 연합하여 예배를 드린다. 예배 후에는 나라별로 찬양과 율동을 준비하여 발표를 하는데 찬양 발표회에는 각 나라를 섬기고 있는 나섬교회의 교인들이 함께 참여한다.

5월 체육대회

다문화 가정의 구성원들과 힘들고 지친 외국인 근로자들의 심신 건강을 도모하고 이 사회에 잘 적응할 수 있도록 해마다 운동회를 개최하고 있다. 나라별로 시합을 하는 경기와 자녀와 부모가 연합해서 하는 레크리에이션 프로그램으로 나누어서 진행하며 해마다 많은 외국인이 참여하여 즐거운 시간을 갖고 있다.

11월 추수감사절 연합 예배

매년 추수감사절에는 나라별로 나뉘어서 드리던 예배를 나라별 모임(6개국)이 연합해서 드린다. 언어와 문화가 달라도 예수그리스도 안에서 한 형제요, 자매가 된 예배자들의 찬양과 기도는 하나님의 보좌에 상달되는 참된 예배의 모습을 발견할 수 있게 한다.

12월 나섬페스티벌

나섬페스티벌에는 몽골, 이란, 인도, 필리핀, 베트남, 중국 등 여러 팀이 참여해 각자 자국의 노래와 춤 문화를 함께 발표한다. 고단한 근로의 현장에서 고국에 대한 향수로 눌려 있던 마음들이 모처럼 자국인들끼리 모여 자국의 노래와 춤을 연습하고 무대를 준비하는 과정을 통해서 녹고 하나가 되는 은혜를 경험하게 된다. 고국에 두고 온 가족과 친지가 더욱 그리워지는 시기에 이 땅에 오신 예수그리스도의 사랑을 이 땅에서 살아가고 있는 나그네들과 나누며 기쁜 성탄과 연말을 보내도록 한다.

❷ 나섬공동체의 외국인 근로자 봉사 사역

선교회는 외국인 근로자들에 대해 다음과 같은 상담 및 봉사를 실시하고 있다.

상담

외국인 근로자들의 취업 문제, 임금 문제, 여권 및 비자 문제, 건강 문제 (전문의 진료 및 병원 소개), 산업재해 문제 등의 상담이 주로 이루어진다. 인권의 사각지대인 3D 업종의 열악한 작업 환경에서 일하는 외국인 근로자들의 인권 문제를 해결하도록 도와줌으로써 그들에게 실제적인 도움을 제공하고 있다.

의료 봉사

의료 봉사는 내과, 외과 그리고 한방 침술 분야로 나누어 주일 오후부터 봉사활동을 시작한다. 의료 봉사에 참여하는 의사들은 전문의로서 의료 환경에 접근하기 힘든 외국인 근로자들에게 의료 서비스를 제공하고 있다.

❸ 뉴라이프미션 동대문 비전센터

비전센터에서는 뉴라이프 비전스쿨을 운영하고 있다. 뉴라이프미션은 은퇴한 시니어와 다문화 이주민을 융합한 새로운 개념의 공동체를 위한 선교이며 동대문을 거점으로 소외된 이웃들을 섬기는 데 앞장서기 위해 준비하는 과정이다.

뉴라이프 비전스쿨은 2012년 시작된 이래 연 2차례(3월, 9월 개강), 주 1회(목요일) 10주 과정으로 진행되며, 선교사로서 갖춰야 할 소양과 기초 지식을 배우고, 국내외 단기 선교 실습을 가진다. 수업은 유해근 목사와 현지 선교사, 외국인 신학생과 교수, 시니어 그룹의 사회 저명인사들에 의한 강의와 비전트립 프로그램 등으로 진행되고 있다.

수료생들은 전직 교사, CEO, 회사원, 자영업, 주부 등이며 수료 후 동대문 비전센터와 수원 비전센터에서 한국어 교사, 베트남, 인도, 튀르키예, 우즈베키스탄 선교 사역 참여, 몽골의 평화 캠프, 나섬공동체 사역 참여, 미션하이웨이 등 기타 선교사 사역에 참가하게 된다.

- 뉴라이프 비전스쿨 신청: 한순옥 목사(010-2294-9614)
- 이메일 rmnetwork@naver.com

바. 광주 고려인 마을 전도를 위한 제안

광주 광산구 월곡동에 7,000여 명의 고려인이 살고 있는 고려인 마을이 있다. 주로 중앙아시아에서 온 고려인 후손들이며 이들 대부분이 무슬림 배경의 나라들에서 왔다. 그들 중 어린이들과 청소년들이 약 2,000여 명 된다고 한다. 이들에게 복음을 전하고 다시 본국 선교사로 파송한다면 무슬림 전도의 많은 성과가 예상된다. 이런 보배들이 한국에 들어와 있는데도 이들에 대해 관심을 가지고 적극적으로 매진하는 기관이나 교회가 거의 없다. 새날학교라는 대안학교가 있지만 전교생이 80여 명이고 중앙아시아에서 온 학생들 외에도 중국과 일본 학생들이 있어 무슬림 배경의 학생들은 얼마 되지 않는다.

2023 제18회 선교한국대회에서 새날학교 고려인 사역을 하고 있는 안드레이 전도사가 이주민 사역에 대한 발표를 하였다. 그중 특기할 만한 발표 내용을 적어 본다.

"고려인 아이들은 자신이 친구가 없고, 또 한국인 친구가 한 명도 없다고 말한다. 제가 고려인 사역을 10년 정도 하는데, 고려인교회에 한국인이 안 보인다."

"한국에 와 있는 고려인은 12만 명, 아이들과 청소년들만 1만 2천 명인데, 교회가 많지 않고 한국인 가운데 적극적으로 고려인 교회 사역을 하는 사역자가 거의 없다."

"선교는 오로지 그 나라에 가서 선교하는 것만이 아니다. 제가 하는 사역에서 무슬림이었다가 개종한 사람들이 매우 많다. 현지에서는 수십 년 동안 열매가 나올까 말까 한다. 그런데 여기서 전하면 아이들 중 무슬림이었다가 복음을 듣고 집에 가서 부모님까지 전도하여 주기도문으로 기도를 시작하고, 교회에 다니게 된 가정들이 매우 많다."

"이주민 선교는 굉장히 중요한데, 여러분이 안 하면 하나님이 하시고, 여러분이 안 하면 이단이 한다."

그의 발표에서 한국 교회와 기관의 고려인 전도 무관심에 대한 안타까움이 묻어난다. 더욱 안타까운 것은 고려인이 밀집한 월곡동 근처에 한국이슬람중앙회 전남광주성원, 이슬람센터, Masjid(모스크), 이 세 개가 있다는 것이다. 이들에 대한 복음 전파가 하루빨리 요구되고 있는 상황이다. 다행히 고려인 마을 근처 화정동에 광주 최대 교회인 월광교회가 있다. 이 교회에서 어린이 청소년 전도에 매진하여 고려인들을 전도한다면 그들이 무슬림이 되는 걸 방지할 뿐만 아니라, 복음으로 무장되어 중앙아시아 무슬림 선교의 전초병들이 될 것으로 확신한다. 이 교회의 목회자들이 주님께서 주신 이 귀한 기회를 알아차리고 고려인 선교의 중요성을 인지했으면 한다.

3장
한류를 이용한 선교

3장 한류를 이용한 선교

K-팝, K-드라마, K-푸드, 태권도, 한글로 대표되는 한류가 전 세계의 젊은이들을 휩쓸고 있다. 한류가 선교에 도움을 주는 가장 큰 역할은 복음의 접촉점이 한류 이전보다 훨씬 더 자연스럽게 이루어진다는 점이다. 유튜버의 여행 채널을 보라. 한국에서 왔다고 하면 세계 어느 나라에서든 청소년들이 몰려와 가수 누구를 아느냐, K-드라마 무엇을 아느냐 등 많은 질문을 해 오고 같이 사진 찍기를 청한다. 이렇게 한류 붐을 타고 청소년들이 스스로 몰려오는 것은 하나님께서 우리에게 주신 선교의 기회이자 도구다. 한류를 선교에 접목시키기 위해서는 단발성 공연이나 행사가 아닌 장기적으로 접촉할 수 있는 사역이 필요하다. 그 대표적인 도착지가 바로 선교 대상자와 꾸준히 접촉할 수 있는 한글학교 사역과 태권도를 교육에 접목시킨 태권도 사역이다. 한글학교 교육과 몇몇 성공적인 태권도 사역 사례를 살펴보자.

가. 한글학교 사역

한류 시대에 한글은 가장 좋은 선교의 접촉점이다. 선교지 교회에서 한글을 아주 잘 가르친다고 소문이 나면 어린이 청소년들의 주일학교 부흥은 시간문제이다. 따라서 한글을 선교에 연결시키기 위해서는 한글을 잘 가르치는 능력이 요구된다. 한국어 교원 자격증이 있으면 좋겠지만 없어도 국내 다문화센터 같은 데서 자원봉사로 한글 가르칠 수 있다. 하지만 선교지에서 한글을 아주 잘 가르치기 위해서, 그리고 선교사 비자를 발급해 주지 않는 국가에 비즈니스 선교로 나갈 경우에는 교원자격증이 요구된다.

❶ 한국어 교원자격증 과정

한국어 교원자격증은 3급, 2급, 1급이 있으며 자격증 취득 방법은 학위 과정과 비학위 과정이 있다. 대학에서 한국어 교육을 부전공으로 하여 학위를 취득한 사람은 3급 자격증을 취득하게 되고 대학에서 한국어 교육 전공으로 학사 또는 석사 학위를 취득한 사람은 2급 자격증이 주어진다.

비학위 과정은 대학 내의 부설 기관과 대학 외의 기관에서 교육을 실시하는데 2023년 현재 국립국어원에 등록된 비학위 과정 기관의 수가 259개이며 거의 모든 대학교의 부설 기관에서 교육을 제공한다. 120시간 동안 네 개 과목의 수업과(한국어학, 일반 언어학 및 응용 언어학, 외국어로서의 한국어 교육론, 한국 문화) 실습을 마치면 한국어교육능력검정시험을 칠 자격이 주어지며 이 시험에 통과하여야만 한국어 교원자격 3급 시험을 칠 자격이 주어진다.

한국어 교원자격 3급 시험은 1차 네 개 과목의 필기시험과 2차 면접시험에 합격하면 취득할 수 있다. 하지만 그동안 교원자격증을 취득한 사람들이 많아 자격증을 취득하더라도 도시에서는 수요가 한정적이라 원하는 자리를 구하는 것이 아주 힘들다. 눈을 국외로 돌려 취업하는 것이 타당하지만 이 경우 현지 언어를 습득해야 하는 난관이 있다. 이 점에서 해외 선교지에서 선교 중이거나 현지 언어에 어느 정도 능통한 선교사들에게는 교원자격증이 자립 선교와 비자 문제를 해결해 줄 수 있는 아주 요긴한 무기가 될 것이다.

❷ 한국어 교실

한국어 교원자격증 과정은 아니지만 국내의 교회나 단체에서 다문화 이주민 선교를 위해 '한국어교실'을 운영하는 곳이 있다. 그중 몇 곳을 알아보자.

- **사랑의 교회 한국어 교사 양성 과정**

이 땅에 들어온 다문화 이주민들의 선교를 위해 한국어 교사를 양성하는 교회들이 많이 있다. 사랑의 교회도 그중 한 곳인데 교회 성도들에게 이주민 선교의 필요성을 알리고, 그들에 대한 선교를 위하여 '한국어 교사 양성 과정'을 진행하고 있다. 훈련 기간은 10주이며 매주 월요일 저녁에 2시간 반 정도 강의한다. 훈련 대상은 사랑의 교회 등록 교인이며 교육 비용은 8만 원이고 연락처는 02-3495-1430이다. 강의 내용 등 자세한 사항은 다음 링크를 참고하기 바란다.

- www.sarang.org/edu/korean_teachingclass.asp

- **CSL(Christ School of Learning) Mission**

CSL Mission은 선교가 어려운 일본에서 "한 명의 한국인 성도가 한 명의 일본인 넌크리스천을 영적으로 입양한다."라는 비전으로 선교 한국어 교사 양성 과정을 진행해 오고 있다.

- 한글 강사: Saya Lee(이정민) 선교사(GMP), Ph.D.(한국 언어 문화)
- 과정 개설: 5인 이상 모집되면, 수강자들과 의논해서 훈련 일정을 결정
- 소요 기간: 주 1회 3시간씩, 총 6주간 진행
- 프로그램: 기본 한국어 문법, 수업 실습, 어린이 한글, 선교 전략
- 배부 자료: 한국어 교재 2권, 수업 자료들, 수료 증서
- 수강 비용: ¥10,000(일반 회원), ¥5,000(선교사, 목사, 사모, 정회원)
- 연락처: 080-8834-9067(일본), 070-8624-3926(한국)
- 이메일: cslmission2018@gmail.com

- **아름다운한글봉사단**

아름다운한글봉사단은 여러 나라에 한글을 알리고 또한 한국을 찾아오

는 외국 유학생들, 다문화 가정, 외국인 노동자, 탈북자에게 한국어를 교육하는 교육 전문 NGO다. 봉사단은 정기적으로 '선교 한국어 교수법 훈련'을 실시한다.

- 교육 대상: 국내 이주민 선교 및 다문화 선교 헌신자, 해외 선교사 및 교회 사역자
- 교육 구성: 선교 한국어 OT, 선교 한국어 교수법 14회, 참관수업 10회
- 교육 기간: 총 8주, 주 2회(화, 목 2시간씩)
- 교육비: 55만 원(선교사 40만 원)-2023년 19기 훈련 기준
- 연락처: 070-8638-9531
- 이메일: asean21kor@gmail.com

수업의 대부분은 성경 본문 내용(천지창조, 선악과, 돌아온 탕자 등등)을 아주 쉬운 한국어로 재구성해 가르치는데 기독교나 가톨릭 배경의 나라에서는 효과적으로 선교에 응용될 수 있으나 무슬림이나 힌두 배경의 선교지에서는 조심스러운 한글 선교 방법이 될 수도 있다.

《한국기독공보》에 실린 '러시아에서 한국어 교실을 운영하고 있는 정균오 선교사'의 의견을 들어 보자. 정 선교사는 "한국어를 배우려는 아이들은 한국 유학을 생각하기보다는 한국 연속극을 보고 싶고, 케이팝 가사의 의미를 더 알고 싶어 한다."라며, "고려인 때문에 한국어 교실을 시작했는데 지금은 고려인보다 러시아 아이들이 더 많고, 특히 대학생들이 많이 찾아온다."라고 말했다.

그러나 지나친 선교 의도 노출은 오히려 선교에 있어 해가 될 수 있다는 지적도 귀담아들을 만하다. 정 선교사는 "한국 선교사들은 한국어 교육을 함에 있어서도 선교적 의도성이 너무 짙게 배어 나오는 경향이 많다. 예를 들면 처음부터 주기도문이나 성경 구절로 한국어를 가르치는 행위다."라며, "이럴 경우 의도가 상대방에게 쉽게 노출되는데 선교에 도움이 별로 되

지 않는다."라고 지적한다.

정 선교사는 "선교는 관계를 맺는 것이니 한국어 교육을 통해 꼭 개종시키겠다는 의도를 노출하기보다는 순수하게 한국어를 가르치는 것이 더 중요하다."라며, "학생들이 한국어를 배우다가 자연스럽게 교회에 관심을 가질 때 성경 공부반으로 안내하는 식으로, 비의도성·반복성·진실성이 중요하다는 것을 명심해야 한다."라고 조언했다.

정 선교사의 의견도 타당하지만 종교가 자유인 나라에서 한글 교육을 선교에 좀 더 빨리 적용시키기 위해 아예 처음부터 다음과 같은 규칙을 만들면 어떨까 한다.

한글 교육은 무료다. 대신 일주일에 한 번씩은 성경 공부를 하여야 한다 (이때 쉬운 한국어로 재구성된 성경 내용을 들려주면 정당한 것으로 생각한다), 또는 한글 교육은 무료다. 대신 한글 듣기 교육과 연습을 위해서는 한인 교회의 주일 예배에 참석하여야 한다.

불신자로서 한국외국어대학에 재학 중에, C 국 언어를 배우기 위해 C 국 언어로 설교하는 교회에 나갔다가 C 국 선교사가 된 J 선교사의 사례가 있고 한국에 외국인 노동자로 와서 한국어를 배우면서 복음을 받아들여 모국에 돌아가서 목사가 된 사례도 있음을 기억하자.

나. 태권도를 이용한 선교 사역

❶ 온두라스 권영갑 선교사

권영갑 선교사는 온두라스에서 복음과 태권도로 성공적인 선교를 진행하고 있다. 온두라스의 공립학교는 가장 가난하고, 힘없고, 의지할 것 없는 아이들이 다니는 학교다. 그중에서도 시골에 있는 학교의 환경은 더 열악하며 교과서도 없이 공책으로만 수업을 하고 있다. 권영갑 선교사는 온두라스 시골의 뻬를라올루아 중·고등학교를 중심으로 태권도와 신앙 운동을 실시하고 있다. 뻬를라올루아 중·고등학교는 아침반, 오후반, 저녁반을 합쳐 2천 500여 명의 학생이 다니고 있는 이 지역의 가장 큰 규모의 공립학교로 선교의 황금 어장이다.

2013년부터 복음태권도사관학교를 운영하고 있으며, 현재 복음태권도선교센터 허가를 교육부로부터 정식으로 받고 학교 체육관을 선교 센터로 함께 사용하고 있다. 또한 성경, 태권도, 한글 수업 시간을 배정받아 가르치고 있으며, 2017년에는 태권도비전센터를 설립하여 뻬를라올루아 중·고등학생들에게 태권도 훈련을 가르치고 있고, 2019년에는 글로벌미션칼리지를 건축하여 현지 목회자들에게 신학 훈련을 시키고 있다. 2023년에는 뉴욕 플러싱 제일교회와 애틀랜타 베다니 장로교회가 연합하여 올림픽드림센터를 완공하였다. 올림픽드림센터는 4개의 방과 식당을 갖추고 있으며 앞으로 오실 태권도 사범과 목회자들을 위해 사용될 예정이다.

또한 뻬를라올루아 중·고등학교 학생들에게 6년 동안 다음과 같은 복음 전파와 제자 훈련을 한다.

- 성경: 일 년에 성경 일독 훈련, 성경 15권의 성경책 핵심 공부
- 태권도: 태권도 4단 및 사범 훈련, 태권도 시합 출전
- 리더십 훈련: 전도 훈련 생활 훈련
- 한글: 초급, 중급, 고급 과정-쓰기, 읽기, 말하기 훈련
- 특별훈련: 전도 및 선교, 사회봉사, 리더자 캠프, 방학 특별 훈련

이렇게 6년 선교 훈련 후 신학교 및 일반 대학 진학, 태권도 지도자, 육군사관학교 진학, 올림픽 출전 및 메달 획득을 목표로 하고 있다.

이 외에도 교회 건축, 어린이 급식 사역, 코레아 마을 후원 사역, 의료(한방) 사역을 하고 있는데 한방 사역은 한국의 동일교회를 통해 한방클리닉

센터가 건립되어 고아와 과부 등 사회적 약자 계층을 무료로 치료하고 있다. 또한 학생들에게 한방 교육을 실시하여 미래의 한의사를 양성해 나갈 계획을 가지고 있다.

❷ 제주 태권도선교훈련원

국내 대표적 관광지인 제주도에도 태권도 선교가 행해지고 있다. 제주 태권선교훈련원에서 태권도 사역을 하는 이용해 목사다. 태권도 선교사로 헌신한 것은 신학교 1학년 때 오사카로 단기 선교를 간 것이 계기가 됐다고 한다. 슈퍼마켓 앞에서 집회를 했는데, 한 5분 정도 지나니까 아주 개인적인 일본 사람들 수백 명이 갑자기 모이고 함께 구경한 사람들이 교회로 연결되는 걸 보면서 태권도 선교의 잠재성에 눈뜨게 되었다고 한다.

중·고등학생들에게 태권도를 통한 선교는 아주 효율적이다. 학생들이 길거리에서 농구를 하면서 자연스럽게 친해지듯 태권도 수련을 통해 금세 친해진다. 처음부터 복음을 제시하지 않더라도, 사범과 훈련생과의 관계가 자연스럽게 형성되고 신뢰를 쌓는 과정 자체가 일종의 전도 행위다. 처음에는 태권도가 좋아서 찾아왔지만, 순모임도 갖고 단기 선교도 함께 다녀오고 CCC 훈련도 받다 보면 이슬비에 젖듯 크리스천이 된다고 한다. 지금은 장기 선교사로 나가 있는 친구들도 있다고 한다.

태권도 선교의 장점은 비즈니스 선교(BAM)가 가능하다는 것이다. 중동이나 중앙아시아 등 선교사 신분으로 들어갈 수 없는 선교지에 선교사 신분을 지우고 태권도 사범으로 나갈 수 있다는 점이다. 태권도 수련을 통해 개인적인 친분을 쌓다 보면 따르는 제자들은 자연스럽게 복음을 받아들일 수 있다고 한다. 태권도선교훈련원은 태권도 실기를 위주로 가르치는 곳이지만 태권도 선교사 훈련생들에게는 기본적으로 CCC 제자 훈련을 전해 주고 있고 선교사 파송을 원할 경우 CCC 선교사 훈련을 받도록 한다. 이용해 목사는 태권도는 잘하지만 영적으로 미숙한 이들을 위해 지금 고신대에 하나 남아 있는 '태권도선교학과'의 필요성을 강조한다.

❸ TIA 태권도 선교단

TIA는 '행동하는 태권도인(Taekwondo In Action)'이라는 의미를 지니고 있다. 심창수 목사가 대표로 있는 TIA는 태권도 선교를 통해 세계 복음화에 앞장서 나가는 한국대학생선교회 CCC 소속 태권도 사역부다. CCC에서 훈련받은 심 목사는 태권도를 제자 훈련 사역에 접목했다.

선교단은 태권도로 전도, 훈련, 파송, 재생산 사역을 한다. 이를 위해 '태권도 전문인 선교사 훈련' 레벨 1, 2를 개발했다. 레벨 1 프로그램은 전도 훈련, 강해 설교(LTC), 태권도 훈련(TLTC), 팀 빌딩으로 구성된다. 레벨 2는 레벨 1 프로그램을 잘 운영하는지 점검하고 태권도 지도법 등을 전수하는 지도자 과정이다. 선교단 창단 후 지금까지 40개국에 150여 명의 태권도 전문인 선교사를 파송했다.

태권도도 배우면서 태권도 선교를 해 보고 싶은 인원을 위해 TIA 태권도 선교단에서 단원도 모집한다. 모집 대상은 태권도를 배우고 싶은 CCC 순원, 순장, 나사렛, 태권도로 선교해 보고 싶은 사람들이다. 예배 및 운동 시간은 주일 오후 7~8시(예배), 주일 오후 8~10시(운동)이며 운동 장소는 강서구 화곡동에 있는 TIA 태권도장이다. 회비는 없으며(단, 운동복 비용 있음) 문의는 이우재 간사(010-3409-8993)에게 하면 된다.

❹ 총체적 태권도 선교

태권도 선교는 복음 전파와 태권도 수련이 유기적으로 통합되어 있지 않다. 복음 전파와 태권도 수련이 통합되지 않았기에 태권도 사역은 직업적 전문성은 뛰어나지만 사역적 전문성은 약하다는 반쪽짜리 선교라는 평가를 받아 왔고, 태권도 선교사들이 스스로를 협력선교사라고 부르기도 한다. 이를 위해 고신대에 태권도선교학과가 있지만 개인의 자격으로 이 문제를 해결하고자 하는 노력이 있다. 바로 태권도 공인 8단 안성일 목사다. 안성일 목사는 이 문제를 연구하고 묵상하여 복음과 태권도를 통합하여 총체적으로 태권도를 통해 복음을 효과적으로 전할 수 있는 태권도의 선교 신학화를 시도하였다. 그 결과물이 《총체적 태권도 선교》라는 제목으로 발행된 책이다.

안성일 목사는 이 세대에 태권도 선교를 반드시 총체적 선교로 정립하여 현세대에 총체적 태권도 선교가 실현되어야 할 뿐 아니라 차세대의 태권도 선교사 및 태권도 지도자들에게 총체적 태권도 선교를 유산으로 물려주어야 한다는 시대적인 사명감을 갖고 있음도 강조했다.

이 책은 태권도 선교사가 선교 현장에서 총체적 선교를 위해 알아야 하는 여러 분야를 알기 쉽게 정리하여 어떻게 태권도를 통한 선교를 할 것인지에 대한 구체적인 방법들을 알려 주고 있다. 태권도 선교에 관심이 있는 선교 후보생들에게 아주 유용한 내용들이 많이 들어 있으며 태권도 사범들이 선교지에서 어떻게 복음적으로 태권도장을 경영할 수 있을지 돕는 지침서로도 활용할 수 있다.

4장

시니어 선교사

4장 시니어 선교사

2023년 기준 60세 이상 인구는 약 1400만 정도이다. 100세 시대에 60세면 여전히 청춘이다. 이렇게 은퇴할 나이가 되면 세상사를 다 달관하였을 것이고 받은 은혜를 헤아려 볼 수 있는 나이가 되었을 것이다. 받은 은혜 중 무엇보다도 가장 큰 은혜는 주홍 같은 우리의 죄를 대속해 주시고 더하여 천국 영생까지 허락하신 주님의 은혜이다. 은퇴 후 철마다 여행지와 맛집을 찾아다니면서 안락한 노후를 보낼 것인지 아니면 주님의 은혜에 대한 감사로 인생 이모작을 시작할 것인지는 개개인의 선택에 달려 있다. 하지만, 이 인구의 1%만 시니어 선교사로 헌신한다면 어떨까? 대한민국은 아마 그야말로 시니어 선교사 전성시대가 될 것이다.

시니어 선교사로 나서기 위해서 신학교에서 수학을 할 수도 있지만 최소한 시니어들을 대상으로 하는 선교 학교 훈련을 이수하라고 권하고 싶다 (8장 참고). 시니어 선교사 교육을 받고 난 후에는 다양한 영역에서 선교 사역을 수행할 수 있다. 교회 개척 사역, 신학 교육, 어린이 사역, 청소년 사역, 선교사 자녀 학교 사역, 의료 사역, 전문인 사역, 비즈니스 선교(BAM) 등 여러 분야가 있지만 어떤 영역에서 사역을 할지는 아무래도 은퇴 이전의 전공이나 직업이 기준점이 될 것이다. 하지만, 어떤 유형의 사역을 하더라도 그것이 복음이 전파되는 데 어떤 역할을 감당할 수 있다면 그게 바로 선교다. 이 장에서는 선교 학교들을 수료하고 실제로 선교 현장에 나가 사역하고 있는 여러 가지 시니어 선교 사례들을 소개해 놓았다. 자신에게 주어진 달란트를 어떻게 활용할지 또 어떻게 시니어 선교에 동참할 수 있는지 이 사례들을 통해 가늠해 볼 수 있을 것이다.

가. 염소로 선교하다

김현영, 이덕주 선교사는 뉴저지 실버선교회의 전문인 시니어 선교사 모델이다. 서울대 수의학과를 거쳐 펜실베이니아대학에서 박사 학위 후 펜실베이니아 주 정부 병리 연구관으로 33년 근무하다가 은퇴하였다. 은퇴후 과테말라 코반의 산칼로스대학을 선교 본거지로 하여 빵과 복음을 동시에 나누어 주는 사역을 진행하였다. 산칼로스대학의 초빙교수로 임명을 받은 후 사재를 털어 값비싸고 새로운 진단 기구들을 구입해 작은 젖소 질병 진단 연구실을 대학에 세웠다.

그곳 대학교수들과 함께 지역사회 목장 젖소에서 인수 공통 전염병인 부르셀라병의 병원균을 검출, 진단을 하여 대학 당국으로부터 파트너로 신임을 받게 된다. 그 후 마야 원주민 마을에 들어가 대학과 공동으로 젖염소 나누어 주기 사역과 대학 내에서는 성경 제자 훈련 사역을 시작하게 되었다.

그들의 선교가 어느 정도 효과를 보이기 시작하면서 하나님께서는 각 전문 분야의 맞춤형 사역자들을 보내 주시어 동역자로 협력 사역을 하게 하셨다.

첫 번째로 보내 주신 사역자는 현지 마야 원주민 교회의 여자 담임목사 비키이다. 동료 교수가 소개해 준 비키 목사는 산칼로스대학에서 토목 공학을 전공하고 졸업하였으며 그들 부부의 선교에서 부족한 교회 개척 사역에서 많은 도움을 주었다.

주님께서는 그들의 젖염소 사역을 팬퀴시 마야 원주민 마을에서 시작하게 하시고 비키 목사와 함께 교회 개척 사역을 시작한 2년 후 팬퀴시 마을에는 작은 아담한 교회 건물을 세울 수 있게 하셨다.

당시 주님께서는 그들 부부에게 농장 동물을 통한 지역 개발 사역에 대한 훈련과 계획은 주셨지만 교회 개척에 대한 구체적인 계획과 훈련은 주시지 않으셨다. 하지만 비키 목사를 준비해 주시고 팬퀴시교회 개척을 하게 해 주시면서 그들 부부의 선교를 복음과 빵을 동시에 나누어 주는 협력 사역의 기초가 되게 하셨다.

그 후 비키 목사와 그의 차칼테교회는 선교적 교회로 발전하여 근처 마을 두 곳에 가정 교회를 개척하였으며 새로 개척된 팬퀴시교회도 이웃 마을 두 곳에서 가정 교회를 개척하였다. 당시 그곳에서 사역하시던 서진국 선교사 부부도 비키 목사와 함께 열심히 교회 개척에 동참하였으며 팬퀴시교회 개척은 비키 목사에게도 생애의 중요한 전환점이 되기도 하였다.

2020년 초 코로나19 전염병이 세계적으로 퍼지면서 과테말라 선교 사역도 중단되었는데 미국에 있는 과테말라 선교 협력 동역자 5명과 현지 동역자 둘세 등 6명이 바울의 선교단의 모형을 따라 과테말라 선교단(GMNET)을 세웠다.

GMNET 사역의 내용은 현재까지 해 왔던 대로 지역 개발 사역, 의료 사역, 캠퍼스 사역 등 크게 세 분야로 나누어 진행하고 있다. 캠퍼스 선교 사역의 경우 장학생들을 선발하여 장학금을 지급하고 그들을 중심으로 성경 공부와 제자 교육 사역을 하고 있다.

이덕주 선교사는 원주민들에게 ESL을 통해 영어를 계속 가르쳐 왔다. 그중 대학생 4명과 함께 대학교 캠퍼스 안에 카페 선교 센터를 세웠다. 선교의 첫 열매인 현지인 제자 둘세가 대학을 졸업하고 이 카페의 책임자가 됐다. 그리고 원주민 선교사가 되어 산칼로스 대학생 6,000명을 향해 빵과 차를 제공하며 복음을 전하고 있다.

김현영, 이덕주 선교사의 시니어 선교 활동은 전공과 협력 사역의 중요성을 보여 주는 성공적이 시니어 선교의 사례로 볼 수 있다.

나. 갈릴레아 선교 공동체

많은 교역자가 은퇴 후 시니어 선교사로 사역을 다시 시작한다. 뉴저지 갈릴리교회 김도언 원로목사도 그런 경우이다. 김도언 목사는 전청수 선교사와 함께 중남미에서 갈릴레아 선교 공동체를 운영하고 있다. 전 선교사는 시니어 선교 훈련을 마치고 단기 선교로 이곳을 방문한 후 현지 선교사들이 제일 못하는 것이 선교 센터 청소와 장비 유지인 것을 보고 협력선교사로 합류하였다. 현재 전 선교사는 78에이커에 있는 중·고등학교, 병원, 선교관, 청소년센터를 모두를 관할하는 운영 책임을 맡고 있다.

갈릴레아 선교 공동체는 뉴저지에 있는 갈릴리교회를 중심으로 16개 한인 교회가 세운 선교 공동체다. 12개 분야의 사역 필드를 가지고 있는데 그 중 가장 역점을 두고 추진하고 있는 분야가 어린이와 청소년 사역이다. 왜냐하면 공동체에서 운영하고 있는 학교의 재학생이 약 350여 명, 그리고 공동체가 운영하고 있는 5개의(청소년 교회 포함) 어린이 교회에 약 450여 명의 어린이가 있기 때문이다. 이 어린이와 청소년 교회는 모두 자체 성전을 가지고 있지만 어른들을 위한 예배는 드리지 않고 오직 자기들만의 예배와 모임을 갖고 있다. 학교의 약 23%, 교회의 약 70%의 어린이는 아주 가난한 학생들이다. 매 주일 예배 후 간식을 전원에게 나누며, 기타 특별한 모임이나 성서적 절기의 모임에도 역시 음식을 제공하고 있다.

갈릴레아 공동체는 SEGUIDORES(예수님을 따르는 자)라는 주일학교 교사 훈련을 실시하고 있다. 본교 중학교 3학년 이상 고등학교 2학년 이하의 학생들 중 자원하는 자를 뽑아 소정의 훈련 과정을 이수시켜 크리스천 지도자로 키우는 프로그램이다. 가끔 우리 학교 학생이 아닌, 지역 교회의 청소년들도 키워서 섬기는 교회의 교사로 쓰고 있으며 우리 학교의 재학생은 영어를 현지인 언어인 껙치어로 정확하게 통역함으로써 선교의 가장 어려운 부분인 바른 복음 전달 문제를 극복하는 큰 일꾼으로 쓰임을 받고 있다. 일단 SEGUIDORES로 선정되면 대학 졸업까지 학비를 보조해 주며(50~100%), 이들에게 반드시 주일 어린이 교회에서 봉사를 하는 의무를 부여하고 있다. 훈련 과정에서 배운 내용을 실천하게 하는 의미도 있지만 무엇보다도 어린이를 사랑하며 자기 믿음의 분량을 키워 나가는 자기 계발의 큰 효과가 있다.

이 사역을 진행하면서 장학금은 후원금으로 충당할 수 있지만 별도의 급식비 후원금을 지원받는 경우가 부족하여 늘 어려움을 느낀다고 한다. 어느 누구도 도시락을 싸 오는 학생은 없는데, 점심이나 저녁때가 다가오면 선교사들은 괴로운 마음이 밀어닥친다. 이 나라 과테말라는 오전 수업을 7시 30분부터 12시 30분까지, 오후 수업은 오후 1시부터 6시까지 하도록 정하고 있어 하루 3끼 식사를 집에서 하도록 하고, 그 대신 도중에 간식을 먹도록 30분의 휴식 시간을 준다. 선교사들이 SEGUIDORES를 훈련할 때 평일이나 주말이나 식사 문제를 반드시 해결해야 하는 어려움이 있는데 글로벌어린이재단(GCF)의 도움으로 이 문제를 해결할 수 있었다고 한다.

선교 공동체에서 힘쓰고 있는 또 다른 사역은 농장 사역이다. 농장에서 기르는 가축과 곡물을 원주민에게 무료로 지원하는데 대표적인 것이 돼지다. 이 양돈 사역은 가난한 원주민에게 큰 도움을 주고 있다. 지난 기간에는 양돈 사역이 다소 부진하여 새끼 돼지 출산율이 급격히 떨어졌다. 원인을 조사해 보니 종자돼지 간의 근친 교배의 결과로 확인되어 훌륭한 품종의 종자돼지를 외부에서 구입할 계획을 진행 중이다. 이 사역에도 GCF 후원이 도움이 되었다고 한다.

다. 캄보디아 예수마을

캄보디아 예수마을은 뉴욕 프라미스교회에서 은퇴하고 원로목사로 추대된 김남수 목사에 의해 시작되었다. 김 목사는 2020년 코로나19 팬데믹 기간 중 "하나님이 기뻐하시는 어린이 사역(4/14 운동)을 위해 어디서부터 시작해야 하고 어떻게 실제적으로 적용시키는가 하는 문제를 놓고 기도하다 20년 전에 사 놓았던 캄보디아의 시골 땅에 자립형 크리스천 공동체인 예수마을을 세우게 되었다."라고 하였다.

예수마을 프로젝트의 핵심 전략은 4살부터 14살의 다음 세대를 복음화하는 '4/14 운동'으로 볼 수 있다. 우선 열악한 환경에서 절대 빈곤 상태에 있는 캄보디아 영혼들을 위해 300세대의 주거지역, 학교, 클리닉, 교회, 히즈라이프 극장, 자립을 위한 일자리 공장, 농장, 목장 등을 세우는 예수마을 프로젝트가 진행되고 있다.

김 목사는 2020년 7월 150여 명이 모인 교회의 시니어 수련회에서 캄보디아 예수마을의 청사진과 비전을 이야기하며 집 하나에 5천 불이 들어간다고 설명했는데 집이 100개가 되고, 곧 200개가 되자 1백만 불의 후원금이 모여 사역을 본격적으로 시작하게 되었다고 한다.

예수마을이 추구하는 핵심 가치는 KEDUCO(케듀코)로 표현된다. KEDUCO는 Kingdom(하나님 나라)과 Education(교육)과 Ecology(생태)의 합성어로 성경적 세계관에 바탕을 둔 교육을 기반으로 하나님의 창조질서를 회복하는 친환경적 개발을 통하여 하나님 나라를 실현하기 위한 프로젝트이다

주요 목적으로는 교육 중심 마을, 환경 중심 마을, 사회적 기업 육성 마을을 목적으로 하며 이의 실현을 위해 다음과 같은 프로젝트를 시행하려고 계획한다. 국제 기독교 학교, 선교 병원, 고아원 및 장애인 사역, 직업훈련 학교 및 선교훈련원, 농업 사역(자연 농업), 비즈니스 사역(BAM) 등이다.

이 사역들을 위해 다음과 같은 많은 인적 자원을 필요로 하는데 다음의 여러 분야 중 자신의 달란트를 발휘할 분야가 있으면 장연화 선교사 이메일 suh-josep@daum.net으로 연락하기 바란다.

▶ 농업: 특용작물, 약용작물, 자연 농업, Smart Farm

▶ 축산업: 양계, 양돈, 오리, 젖소, 식품 가공

▶ 제조업: 농축산 가공 유통, 마을 기업 만들기, 비즈니스 개발

▶ 에너지: Solar, 전기 기술

▶ 토목, 건축: 지역 개발, 단지 조성, 저수지, 생태 마을

▶ 목공, 디자인, 컴퓨터, IT

▶ 직업기술학교

▶ 국제어학원: 영어, 한국어, 크메르어, 중국어, 태국, 베트남어

▶ 국제기독교유치원, 학교: 커리큘럼, 교사, 행정, 건축

▶ 선교여행사: 여행업

▶ 클리닉: 의사, 간호사, 한의사,

▶ 시엠립국제교회: 목회자, 선교사, 언어권별 사역자

캄보디아 공동체 예수마을 사역은 전도, 교육, 의료, 농업 등 다양한 분야의, 다양한 전문성을 갖고 팀 사역으로 함께하여 공동체 사람들이 그들의 기본적인 영적, 육체적, 정신적, 사회적 필요성을 채워 주는 총체적이고 전인적 선교를 실시하려고 한다.

라. 65세에 의사가 되어 선교지로 가다

황하수 선교사는 개성공단관리위원회에서 근무하는 동안 북한 근로자들의 열악한 의료 환경을 목격하게 되었다. 의사가 되어 그들에게 의료 사역을 할 수 있으면 하는 바람이 있었지만 50대 중반의 나이에 새롭게 의사가 된다는 것은 현실적으로 거의 불가능하게 느껴졌다. 하지만 도전도 해보지 않고 포기한다면 그 또한 많이 후회스러울 것 같아 아내와 자녀들과

상의한 후 의사가 되기로 결심하고 준비를 시작하였다.

2년 반의 준비 과정을 거쳐 전북대 의학전문대학원에 합격하여, 본격적인 의학 공부를 시작하였고, 힘들었던 4년간의 의전원 과정을 마친 후 2016년에 의사 국가고시에 합격하였다. 그 후 인턴과 레지던트 과정을 4년 동안 거치고 의학 전문의 자격시험까지 합격하였다. 의학전문대학원에 들어온 지 8년 만에, 그리고 다른 사람이 은퇴할 연령인 65세에 가정의학과 전문의가 되었으니 대단한 의지와 노력이 아닌가 싶다.

이제 그렇게 바라던 의사로서 북한 사람들을 상대로 사역을 나가려고 했지만 현재로서는 북한 사람들에게 다가갈 수 있는 길이 열리지 않고 있다. 그래서 지금은 아프리카의 말라위의 한 병원에서 그곳 사람들에게 의료 봉사 사역을 하고 있다.

아내인 염현숙 선교사는 남편이 의사가 되기로 작정하고 의학전문대학원에 들어간 2012년부터 남편과 함께 봉사활동을 해야겠다고 생각하고 간호조무사 자격을 취득하였고, 만일을 위해 미용 기술도 배웠다. 이 얼마나 바람직하고 아름다운 마음을 가진 아내인가? 지금은 남편과 말라위에서 함께 의료 봉사 사역을 하고 있다.

마. 우즈베키스탄 오지에서 농업 선교를 하다

정송현 선교사는 수도권 고등학교에서 영어 교사를 하면서 학원 복음화에 열심을 내었다. 60세가 되던 해, 조기 은퇴를 하고 중국 조선족 중학교 학원 사역을 위해 지원하였지만 주님께서는 우즈베키스탄 선교 병원의 행정요원으로 인도하셨고, 그 후 수도 타슈켄트에서 3시간 떨어진 한국의 강원도 같은 오지로 인도하셨다. 그곳에서 10여 년 동안 아내인 서일영 선교사와 농업 선교와 교회 개척 사역을 진행하였다.

그곳은 아주 척박한 땅이었는데, 주민 모두가 빈농으로 살던 황무지 같은 땅에 자연 농법과 유실수들을 심으며 풍성한 마을로 만들었으며 한국의 가나안 농군학교를 모델로 하여 비전 있는 청년들을 양육하였다. 그렇게 자연스럽게 지역 주민들과 동화하는 가운데 그곳에 온 다른 젊은 선교사들 가정과 연합하여 교회가 개척되고 예배당이 세워지는 기적 같은 일들이 있게 된다. 2009년 우즈베키스탄 정부의 비자 연장 거부로 한국에 나와서는 시니어선교한국의 실행이사로 섬겼고, 지금도 고령의 연세에도 불구하고 중보기도 팀장으로 직접 기도회를 인도하고 계신다.

바. 29번의 암수술에도 굴하지 않고 선교에 생명을 걸다

미국 뉴저지 참된교회를 섬기고 있는 김경 권사는 뉴저지 실버 선교회에서 가장 활발하게 선교활동을 하고 있다. 최소한 한달에 한번은 국내외 선교를 다니는데 한국에서 여의도 순복음교회를 다닐 때부터 전도하는 일이 그렇게 즐겁고 좋을 수가 없었다고 한다. 지금도 그렇지만 당시에도 한국에서 아파트는 잡상인의 출입이 잦아 초인종을 눌러도 문을 잘 열어 주지 않았다고 한다. 아파트에 사는 주민들에게 전도하려면 문을 열게 하고 그들을 만나야 하는 것인데 결코 쉬운 일이 아니었다. 결혼하여 아이를 키우고 있던 김 권사는 아파트 주민들이 문을 열도록 하게 하는 지혜를 떠올렸다. 아이를 업고 전도하는 일이었다. 젊은 새댁이 아이를 업고 초인종을 누르니 대부분의 집에서는 문을 열어 주었다고 한다. 문이 열리면 전도지를 건네고 복음을 전하는데 아이를 돌보는 것도 힘든 새댁이 아이까지 업고 전도를 하니 감동하여 교회에 나오는 이들이 많았다고 한다. 그렇게 해서 백여명을 전도하였고 이후에 미국에 와서도 신실한 신앙 생활을 해 나가고 있었다.

하지만 십여년전 생각지도 못한 시련이 닥쳤다. 몸의 네 곳에서 암이 발견된 것이다. 너무 낙담하여 '주님, 왜 저 입니까?' 하면서 울부짖기도 하였지만 곧 바로 마음을 추스리고 더욱 더 전도와 선교하는 일에 매진하였다고 한다. 수술 스케줄보다 선교 스케줄을 우선으로 잡아 병원 의사를 곤란하게 만들 때도 있었고 수술 후 당분간 움직이면 안된다는 경고에도 5일만에 몸의 붕대를 감고 선교에 나서기도 하였다고 한다. 그렇게 간 선교지에서 암 수술을 받고도 선교에 참석한 대원이 있다는 것을 의심하는 사람에게 붕대가 감긴 배를 보여 주자 무안하게 느낀 그 사람은 그 자리에서 결신을 한 일도 있다고 한다.

이후에도 또 다른 시련이 닥쳤다. 한번은 중국으로 가려고 중간 기착지로 도착한 한국에서 뇌종양이 발견된 것이다. 그 때문에 긴급 수술을 하였지만 오른쪽 눈의 눈동자가 돌아가 시력이 회복되지 않았다. 기적적으로 3개월 후 목사님의 안수를 받고 회복이 되어 지금은 실버 선교회에서 어느 누구보다도 활발하게 선교 활동을 이어가고 있다. 선교팀이 꾸려지면 팀장으로서 항공권 예약부터 시작하여 돌아올 때까지의 모든 사역 스케줄을 도맡아 하고 있다. 29번의 암수술로 인하여 기억력도 약해졌지만 선교 이야기만 나오면 몸에서 신기하게 엔돌핀이 솟으며 에너지가 넘치고 기억력조차 회복된다고 한다. 필자는 최근 김 권사가 인도하는 니카라과 단기 선교를 다녀왔는데 해외 선교지에서 실제로 어떤 선교 활동이 이루어지는지 다음 장에서 간략하게 나의 경험을 소개하고자 한다. 참고로 김 권사의 유튜브 간증 링크는 다음과 같다.

- https://www.youtube.com/watch?v=KczaG8ZRPLc

사. 뉴저지 실버 선교회 니카라과 단기선교 사역 보고

뉴저지 실버 선교회는 중남미 선교, 인디언 선교, 그리고 난민 선교를 중점적으로 실시하고 있다. 선교지에서 실제로 어떤 사역들이 이루어지는지 궁금한 성도들을 위해 가장 최근에 필자가 함께 하였던 중남미 선교 사역을 소개하고자 한다.

"별과 같이 빛나리라" (다니엘서 12:3)라는 주제 아래 뉴저지 실버 선교회 회원 10명이 참가한 니카라과 단기 선교는 2023년 11월 13일부터 20일 까지 일주일 동안 니카라과 수도 마나과에서 50km정도 떨어진 San Rafael Del Sur의 크리스천 캠프에서 진행되었다.

간단하게 선교에 참여한 분들을 소개하면 이 모든 사역을 계획하고 진두 지휘하신 팀장님은 암수술을 받은 김경 권사님이시고, 실버 선교회 훈련원장이신 김종국 목사님과 이사장이신 김용철 목사님, 뉴욕 맨하탄에서 침술 한의원을 개원하시다가 남은 인생을 선교에 올인하기 위해 한의원을 접고 순회 침술 선교사로 헌신하신 한반석 선교사님, 뉴욕의 맨하탄과 지하철에서 노방전도를 하시는 이형원 집사님, 폐암에 약물과 항암 치료 중에도 선교에 참여하신 킴벌리 사모님, 그리고 윤영희 권사님, 강윤경 권사님, 전옥근 집사님 등 10명이 참여하였다.

사역 내용은 평일 오전에 현지 주민 선교, 오후에 침술 선교, 토요일 저녁에 니카라과 선교사님 위로사역, 그리고 마지막 주일날에 근처 마을의 어린이들을 초청하여 함께 예배 드리는 어린이 선교 사역순으로 진행되었다.

먼저 이곳의 크리스천 캠프를 간단히 소개하려고 한다.

(ChristianCampNicaragua.com, richardkim89@gmail.com) 1939년 생으로 고령에도 불구하고 활발하게 활동하시는 김석태 선교사님이 세우시고 후에 박사라 선교사님이 사역에 동참하신 곳이다. 김 선교사님은 캐나다에서 트럭 주유소 사업을 하시던 분인데 많은 캠핑카들이 주유소에서 주유한 후 여행을 떠나는 것이 너무나 부러웠다고 한다. 언젠가는 나도 그렇게 하리라 생각한후 실제로 은퇴한 후에 캠핑카를 타고 미 전역을 몇 번이나 여행하였는데 이러한 여행도 그에게 삶의 의미를 주지 못하여 여전히 허전함과 인생의 덧없음을 느꼈다고 한다. 그래서 인생에서 진정한 가치가 있는 일을 고민하며 찾다가 생명을 구원하는 선교가 남은 인생을 걸 수 있는 일임을 깨닫고 선교지를 물색하던 중 지금의 장소에 도착하였다고 한다.

사업가 기질이 뛰어난 선교사님은 도착하자마자 이곳 시장과 경찰서장을 만나 친분을 쌓았다고 한다. 그리고 곧 그들에게서 독일인들이 수목재배 실험을 하다 자금난으로 폐쇄 위기에 빠져 팔기 위하여 내어 놓은 122에이커(15만평)의 땅을 저렴한 금액으로 매입하게 되어 크리스천 캠프를 설립하셨다고 한다. 캠프내에서는 토요일마다 영어도 가르치고 글을 모르는 사람들을 대상으로 문맹학교도 운영한다고 한다. 부지와 시설이 있으니까 교육이 확대되면 초중고 학교까지도 설립할 수 있지 않을까 기대도 한다. 사역 대상도 현명하시게 어린이 청소년들로 선정하였고 엔터테인먼트 시설이 없는 그들에게 어떻게 하면 교회로 많이 나올 수 있게 하는지 여러 구상을 하고 있다고 한다. 그 중에 주안점을 두는 것은 수영장과 워터 슬라이드 시설이고 크리스천 캠프 자립을 위해 숙박시설 (에어앤비)과 틸라피아 양식 사업을 구상하고 있다고 한다. 향후에 이러한 시설을 이용하여 누구든지 와서 자유롭게 선교를 하면 좋겠다고 하신다.

이 크리스천 캠프를 본부로 하여 실버 선교회가 일주일간 행한 단기 선교내용을 간단하게 소개하면 다음과 같다. 평일 오전의 현지 주민 선교는 가난한 집들을 대상으로 선교하였는데 그들에게 김종국 목사님과 김용철 목사님께서 복음을 전한 후, 그들의 기도 제목을 물어보고 통성으로 기도하고 축복한 후, 좋으신 하나님 (God is so good) 찬송가를 스페니쉬로 부르고, 이형원 집사님께서 노방전도 시 사용하시는 전도지를 건네면서 스페니쉬로 복음에 대하여 추가로 설명을 한 후, 준비해간 물품을 팀원이 짧은 간증을 하면서 전해 주는 사역이었다. 통역은 캠프에서 차로 3시간 반이 걸리는 Leon에서 사역하시는 박우석, 이현숙 선교사님 부부가 하여 주었다. 김종국 목사님께서는 니카라과 선교 1주일전에 도미니카 선교를 다녀오셔서 피곤한 몸이었고 니카라과에 도착 후 공항에서 선교지로 오는 동안 커브길이 많아 멀미를 심하게 하셨다. 그런 컨디션에도 불구하고 현지인 선교에서 열심으로 복음을 전하시는 모습이 감동적이었다.

오후 침술 사역은 순회 침술 선교사로 헌신하고 계신 한반석 선교사님께서 담당하셨다. 이형원 집사님께서는 침술을 받으러 온 현지인들이 순서를 기다리는 동안 전도지를 나누어 주면서 스페니쉬로 예수님의 복음을 설명한 후 침술을 받게 하였다. 침술을 받기 위하여 온 환자들에게 혈압, 당뇨, 소변 검사, 몸의 불편 한곳 등을 물어보는 리셉션 리스트는 젊었을 때 간호원을 하셨던 킴벌리 사모님께서 담당해 주셨다. 한 선교사님은 침을 시술한 후 그들의 손을 잡고 여호와 라파 하나님을 부르며 그들의 아픈 부위가 잘 치료되도록 기도해 주셨고 침술 후에는 킴벌리 사모님께서 그들에게 필요한 약을 챙겨 주셨다. 침술 사역이 진행되는 동안 세 분의 권사님께서는 조용히 기도로 또는 은혜로운 찬양으로 동참하였다.

토요일 선교사 위로 사역은 수도인 마나과 시내의 중국집에서 거행하였는데 니카라과에서 선교하시는 선교사님들과 가족들 38명과 선교대원 10명등 총 48명이 참석하였다. 선교사님들께서는 니카라과에서 이렇게 많은 선교사들이 한자리에 모인 것은 처음이라고 하면서 서로의 안부를 묻고 부족함 없이 주문한 음식을 맛있게 드시는 모습이 아름답게 보였고, 복음을 위해 안락한 생활을 접고 낯설고 물설은 이국에서 이름도 없이 빛도 없이 수고하시는 선교사님들의 사역이 너무나도 귀하게 보였다. 그들의 귀한 사역에 주님께서 복을 주시리라 믿어 의심하지 않는다.

주일날 어린이 사역에는 주위의 어린이 300여명을 초대하여 예배를 드렸는데 특별 찬양 순서로 시니어 선교팀의 율동이 있었다. 손자 또래의 아이들 앞에서 박사라 선교사님의 율동을 따라 찬양을 하면서 선교팀들이 모두 함께 율동을 하는 아름답고 은혜로운 그림이 그려졌다. 예배 설교는 김용철 목사님께서 어린이들이 이해할 수 있도록 그들에게 알맞은 설교를 하셨고 많은 어린이들이 앞으로 나와 결신을 할 수 있도록 인도하셨다. 예배 후 박 선교사님께서 준비하신 300여인분의 식사를 선교팀원들이 서빙을 하였고 식사후에는 준비해간 모자, 머리핀, 리본, 내의, 풍선 을 나누어 주었다. 모든 아이들은 이러한 자그마한 선물에도 너무나 즐거워하고 좋아하는 모습을 보면서 너무나 흐뭇하였다.

사역 기간 중 느꼈던 몇가지 감동을 추가한다면 이 모든 사역을 계획하고 진두 지휘 하신 팀장님은 선교사 위로사역 전문이시고 선교지에서 누구를 만나더라도 오래전에 만났던 사람처럼 대하는 친화력이 너무나 탁월한 김경 권사님이다. 이 분은 그렇게 수많은 암 수술을 받으시고도 생명을 내건 선교활동을 하고 계시다는 것이 놀라울 뿐이었다. 또한 이 사역을 돕기 위해 수도 마나과에서 내려와 선교팀이 떠날 때까지 조용히 옆에서 도와주셨던 제니퍼 정 선교사님의 수고도 잊을 수 없다.

캠프의 박사라 선교사님은 실버 선교팀에게 식사때마다 정성들인 음식으로 대접해주시고 조금도 불편함이 없도록 신경을 써 주셨다. 박 선교사님이 하시는 사역은 캠프의 행정적인 업무와 선교지 주위의 아이들과 주민들에게 캠프에서 재공하는 교육 내용을 알리고 수업을 원활하게 진행되도록 하며 선생님들을 뽑고 또한 직접 음악 수업과 악기연주를 지도 하신다. 박 선교사님은 선교팀들이 와서 떠나면 그렇게 외롭다고 하시는데 특히 비라도 오면 더 많이 외롭다고 하신다. 그럼에도 불구하고 주님의 복음전파를 위해 꿋꿋하게 선교지를 지키는 모습이 너무도 귀하게 보였다.

오전에 방문한 현지인들 집에서는 나무로 취사를 하여 연기가 많이 났었는데 그 연기가 폐암에 항암 치료를 하고 계신 킴벌리 사모님에게 통증을 유발하여 많이 힘드셨는데 그럼에도 불구하고 오후 침술 사역에 사모님께서 한사람 한사람 성심으로 상대하는 모습이 그렇게 귀하게 보일 수 없었다.

육신의 질병에도 불구하고 선교에 생명을 거는 김경 팀장님이나 킴벌리 사모님을 보면서 여자 성도님들의 믿음이 남자 성도님들보다 한결 더 크다고 느껴졌다. 죽으면 죽으리라는 고백이 남자가 아닌 연약하게 보이는 여인 에스더의 입에서 나온 것과, 아내의 구원을 위해 수년 또는 수십년 기도했다는 남편의 간증은 들어본 적이 없어도 남편의 구원을 위해 그렇게 오랫동안 기도했다는 아내의 간증은 자주 들을 수 있었던 게 이해가 되었다. 혹시 독자 가운데 지금이라도 남편의 구원을 위해 기도하고 있는 신실한 아내를 가진 남편이 있다면 얼마나 감사한 일인지를 기억하며 더 이상 지체하지 말고 빨리 주님 앞으로 나아오라고 말하고 싶다. 또한 골프 여행이나 세상의 즐거움을 찾아 너무나도 귀한 시간을 낭비하거나, 세상에서 잠간 쓰다 없어질 것들을 모으기 위하여, 이생의 자랑을 위하여 목숨을 거는 이들이 있다면 썩어지지 않을 하나님의 나라의 상급과 영원히 하늘나라에서 살아갈 영혼들을 위하여 그 모든 것을 사용하는 남은 생이 되어지기를 간절히 바라고 싶다.

여러 전문 지식을 가진 이들에게도 권하고 싶다. 이번 크리스챤 캠프를 사용할 때 선교센터에 음향시설이 되어 있었는데 어린이 예배시간에 보니까 인도자의 음성이 잡음으로 깨끗하게 들리지 않는데 흡음 시설이 안되어서 그런지, 앰프 문제인지, 스피커 문제인지 비전문가로서는 알 수가 없었다. 음향시설 전문가, 틸라피아 양어 전문가, 체육/오락시설 설치 운영 전문가의 도움도 필요함을 느꼈지만 무엇보다도 어린이 사역 전문가의 도움이나 협력사역이 필요함을 느꼈다. 오지에 있는 선교지에는 이외에도 다양한 전문가들의 손길이 필요한 곳이 많을 수 밖에 없다. 여러분들이 가진 재능이나 기술이 여러분이 속한 사회 에서는 흔한 기술일지도 모르지만 선교지에서는 너무나 소중하고 필요한 일일 수 있다는 기억하고 사용할 기회를 기도하면서 찾아보면 어떨까 하고 권하여 본다.

마지막으로, 선교에 앞서 미리 선교지의 복음 밭을 준비해 주시고 함께 동행해 주시어서 좋은 사역의 결과 얻게 하시고 또한 안전하게 돌아올수있게 지켜주신 성령님께 감사와 찬양을 돌려 드립니다.

아. 그 외 여러 사례

이 외에도 여러 분야에서 시니어 선교사들의 사역이 진행되고 있는데 어떤 사역들이 행해지고 있는지 여러 예를 보자.

▶ 최근 부쩍 늘어난 무슬림 배경의 난민들을 대상으로 미국 정착을 돕고 집 수리 사역으로 예수님의 사랑을 전하는 난민 사역 (뉴저지 실버 선교회 국내 사역팀)

▶ 목수로 은퇴하여 선교지 건물의 시설을 관리하는 사역

▶ 피아니스트로 은퇴하여 선교센터학교에서 음악을 지도하는 학원 사역

▶ 교도소에 교회를 개척하여 수감자들에게 복음을 전하는 교도소 사역

▶ 약사 출신으로 선교지에 약국을 세우고 모든 수익금으로 선교사를 돕는 비즈니스 사역

▶ 선교지에서 식당을 경영하며 노숙자 및 빈민촌 사람들에게 음식을 봉사하는 사역

▶ 선교지에서 교회에 잘 나오고 성실한 신앙생활을 하는 가정들을 선정하여 양철 주택을 분양하여 선교지 교회 성장을 돕는 사역

▶ 선교지 학교에서 컴퓨터와 음악을 가르치는 학원 사역

▶ 고등학교 국어 교사 은퇴 후 선교국에서 한글을 가르치는 한글 사역

▶ 대학에서 교수로 있다가 은퇴하여 중앙아시아 한 지역에서 영어 교수로 학생들에게 복음을 전하는 캠퍼스 사역

▶ 미국에서 회계사로 30년 동안 일을 한 후 은퇴하여 남편과 66세, 64세의 나이로 중국 대학에서 영어와 성경 공부를 가르치는 사역

▶ 은퇴 후 중남미 국가에서 미국 한인 교회와 현지 교회를 연결하는 선교 코디네이터 사역

▶ 중앙아시아 지역에서 지역사회 개발을 하는 사역

▶ 군인 출신으로 동남아시아에서 교회 개척을 지원하는 사역

▶ 헐벗은 북한의 산에 나무 심기를 하는 사역

▶ 미국 제약회사 연구원에서 조기 은퇴하고 섀도 목회자(Shadow pastor)로서 현지인 사역자의 조력자 역할을 하는 사역

▶ 현직 의사로서 정해진 기간 동안 해외 단기 의료를 다녀오는 사역

▶ 교회 전도 폭발 훈련을 담당하다 선교지 대학교로 가서 복음을 전하는 캠퍼스 사역

▶ 목회자로 70세에 은퇴하여 선교지에서 시니어 선교사 역할을 하는 사역

5장

무슬림, 힌두교인에 대한
선교 사례

5장 무슬림, 힌두교인에 대한 선교 사례

무슬림 선교는 힌두교 선교와 함께 고난이도의 전방 개척 선교다. 우선 무슬림들은 기독교에 대해 어떤 관점을 가지고 있는지 중요한 점 몇 가지를 알아보자.

▶ 삼위일체를 믿지 않는다.
▶ 예수님[무슬림은 이사(Isa)라 부름]을 메신저로 믿지만 메시아로 믿지는 않는다.
▶ 예수님이 우리의 죄를 대속하기 위해 십자가에서 돌아가셨다는 것을 믿지 않는다. 유대인들이 예수님을 죽이려고 할 때 하나님께서는 그를 하늘로 올려 보내셨다고 믿는다.
▶ 모든 인간은 태어날 때부터 깨끗하며 죄 없이 태어난다고 믿는다.

이렇듯 무슬림은 기독교의 근간을 이루는 삼위일체설, 주님이 메시아임을, 주님의 대속 사역, 그리고 원죄설 등을 부인한다. 이렇기 때문에 무슬림을 기독교 교리로 선교한다는 것은 상당히 어렵다. 그리고 그들이 어렵게 복음을 받아들이더라도 대부분은 움마(공동체) 의식에 의해 그들의 가족으로부터 버림받게 될지 모른다는 두려움, 친구들과 이웃으로부터 평생 배신자라는 오명을 받고 살아야 할지 모른다는 두려움, 평생 취직하지 못할지도 모른다는 두려움, 그리고 평생 결혼하지 못할지 모른다는 두려움 등 다양한 크고 작은 미래에 대한 두려움들로 힘들게 살아가야 한다는 것이다.

무슬림 선교의 또 다른 장애물은 그들에게 복음을 공개적으로 전하기에는 많은 위험이 뒤따르고 법적으로도 금지되어 있다는 사실이다. 그렇다면 이 문제를 어떻게 극복해야 할까? 뒷장에서 설명할 현지인 선교가 대안이 될 수 있으며 실제로 이 방법을 적용하여 선교의 열매를 거둔 사례가 있다.

가. B 국 Y 선교사의 현지인 선교

Y 선교사는 무슬림에게 복음을 전하고 싶은 간절한 소망이 있었다. 수수께끼를 풀듯 사도행전을 보았을 때 눈이 멈춘 곳은 이방인 지역인 안디옥으로 파송을 받은 바나바였다. 바나바는 이방인도 신자가 될 수 있다는 소식을 듣고 안디옥으로 파송되었고 그로 인해 이방인들의 신자 공동체가 세워졌다. Y 선교사도 B 국 무슬림들이 신자가 될 수 있고 바나바처럼 한다면 안디옥 공동체 같은 신앙 공동체가 세워질 수 있다는 믿음을 갖고 사역을 진행하고 있다. 또한 사도행전의 바나바 사역에서 영감을 받아 다음과 같은 바나바의 삶을 통해서 본 E.M.P.O.W.E.R 7단계 모델을 만들었다.

▶ Explore(삶을 헌신할 가치를 탐험하라)

▶ Move(자유인이 되어 가라)

▶ Pick EMPOWER(세우는 사람으로 결단하라)

▶ Oar to them(그들에게 다가가라)

▶ Widen them(그들을 넓혀 주어라)

▶ Empower them(그들에게 이양하라)

▶ Rebuild community together(함께 공동체를 세워라)

E.M.P.O.W.E.R 7단계 모델은 Y 선교사가 쓴 《7 Steps of Empowerers》라는 책에 나와 있으며 한글 책도 준비 중에 있다. 또한 무슬림 배경의 신자들에 관한 자세한 연구는 아마존에서도 구할 수 있는

Y 선교사의 저서 《Journeys to New Life, Identity, and Community: Empowering Jesus Followers and Jamaats in Bangladesh》를 참조하기 바란다.

위 7단계 모델을 현지에 적용한 Y 선교사의 선교 전략을 간략히 살펴보면 다음과 같다.

▶ 무슬림 선교지로 파송되면 많은 현지인을 만나서 사귀고 동시에 그들의 필요가 무엇인지 캐치하라.
▶ 현지인을 사귀면서 나를 바나바로 그리고 현지인을 잠재 바울로 감정을 이입하라.
▶ 현지인을 사귈 때 자신의 부르심에 맞게 어느 정도 포커스를 정하라. Y 선교사는 두 종류의 사람들에게 포커스를 맞추었다. 무슬림 배경에서 예수님을 받아들인 사람 그리고 좋은 리더십 모델이 없어서 방황하고 있는 엘리트 대학생들.
▶ 대학생들과 매달 리더십 클럽에서 함께 모이고 창업 경영 대회 같은 것을 열어서 상을 주기도 하면서 친밀함을 유지했다. 자신의 부르심과 은사에 맞게 이들과 함께하고 믿어 주고 격려해서 잠재력을 발견하게 하고 영적으로 육적으로 자립할 수 있도록 세워 주는 임파워 사역을 진행하라. 이들과 함께 전인적 자립을 향해 가기 위해 비즈니스 선교도 추진하면 좋다.
▶ 그들이 잘 세워지면 리더십을 주고 위임하라. 이 단계를 지나 사역의 성과가 보이면 현지인과 함께 공동체를 세워라.
▶ 영어 센터를 세우고 목장, 양어장 등등의 자립 프로젝트를 진행하였는데 잘되는 부분도 있고, 현지 상황 때문에 기대한 열매를 거두지 못한 실패도 있었다. 낙심하지 말고 자신에게 맞는 프로젝트를 찾아라.

Y 선교사의 이런 사역을 통해 지금도 여러 현지 지도자가 세워져 가고, 열매들이 맺어지고 있는 중이라고 한다. 지금은 임파워러스센터에서 평일에는 교육의 기회가 없는 빈민가 아이들에게 교육을 제공하는 스쿨 사역을 진행 중이고 주일에는 그들에게 주일학교 사역을 통해 복음을 전하고 있다. 또한 인천 한 교회의 푸드 쉐어 사역과 연결이 되어 매주 한 번 주일학교 예배 후 성장기 아이들을 배불리 먹일 수 있게 되었다고 한다. 임파워러스센터에서 이쁘게 커 가고 있는 청소년들을 중심으로 함께 매주 예배를 드리고 있다.

나. 국내 안디옥열방교회의 무슬림 사역

의정부에 위치한 안디옥열방교회에는 아신대 교수이자 터키에서 20년간 선교사로 사역하신 김요셉 목사가 사역하고 있다. 교회 표어는 "여기가 땅끝이다."이다. 선교지에서 말 그대로 고군분투를 벌여도 몇 년 동안 한 명의 전도자가 없는 곳이 무슬림 선교지다. 그런데 그 무슬림들이 거의 30만 명이나 자진해서 국내에 입국해 있다. 이것은 무슬림 선교를 위해 주님께서 허락한 절호의 기회이다. 이 기회를 살리기 위해 안디옥열방교회가 세워졌고 국내에서 무슬림 전문 사역을 하는 몇 안 되는 교회 중 하나이다.

이 교회에서 하는 주된 사역은 의료 봉사, 근로 · 고충 상담 및 봉사, 각종 법률 상담, 그리고 다양한 문화 활동(한국어 강좌, 컴퓨터 교실) 등이며, 이런 여러 활동을 통해 무슬림들과 접촉점을 쌓고 그들에게 복음을 전하는 사역을 하고 있다. 그 외에도 휴일이나 명절에 사역자들이 휴가를 반납하고 그들과 서울 나들이, 놀이동산 투어, 동해나 서해 관광 등 여러 문화 활동을 하면서 그들에게 봉사하고 있다. 그런 노력들이 열매를 맺어 지난 10년 동안 약 백여 명의 세례자가 배출되기도 하였다.

김요셉 목사는 무슬림 사역만 35년 동안 하여서 무슬림 전도에 많은 노하우가 있다고 한다. 한 가지 예를 들자면 예배 설교를 마치고 성도들에게 주님을 영접하고자 하는 사람은 일어나라고 하면 주위 무슬림 친구들의 눈치가 있어 절대 안 일어난다고 한다. 하지만 저녁에 심방을 가서 식사도 하면서 얘기를 나누면 그들은 마음을 열고 속내를 털어놓는다고 한다. 그렇게 해서 결신을 하면 절대 교회에서 공개적으로 세례를 하지 않는다. 세례를 이미 받은 무슬림들만 초청하여 세례를 주는 게 그들의 안전을 위해 좋은 방법이라고 한다. 무슬림 선교를 위해 같이 동참하고자 하는 교회나 지체들을 환영한다고 하는데 연락처는 010-9290-8851, 이메일은 aanc365@gmail.com이다.

다. 불굴의 M 국 여선교사

무슬림 선교 자료를 찾던 중 감명 깊게 보았던 선교 간증을 하나 소개하고자 한다. M 국에서 무슬림 사역을 하시는 권○○ 선교사의 간증이다. 연약한 여자의 몸으로 죽으면 죽으리라는 불굴의 의지로 전장에 나가 싸우는 여전사의 느낌을 받았다. 제6차 한인세계선교대회에서 발표된 간증의 유튜브 영상이며 링크는 다음과 같다.

- www.youtube.com/watch?v=l9gg5_SakDQ.
  누구에게나 도전이 될 영상이라고 생각한다.

라. 힌두교인들에 대한 복음 편지 선교

힌두교인들도 무슬림만큼이나 선교하기 힘든 민족이다. 힌두교에는 약 3억 3천만의 신이 있다고 한다. 대표적인 신은 우주의 창조 작용을 하는 브라흐마, 유지 작용을 하는 비슈누, 그리고 파괴와 재생의 작용을 하는 시바가 있다. 그들에게 이메일로 복음 편지를 보내면 가장 많은 답변이 욕이거나 'Jai Sri Ram'이다. Jai Sri Ram은 '람(라마) 신 만세'라는 의미이지만 타 종교에 대한 폭력 경고를 의미하기도 한다. 그 외 답변들은 다음과 같다. "나는 크리슈나 신을 믿는다.", "나는 람(라마) 신을 믿는다.", "《바가바드 기타(또는 마하바라타)》를 읽어라. 거기에 모든 진리가 들어 있다.", "너는 누군데 감히 나에게 이런 전도 편지를 보내니?" 그러면서 전화번호를 알려 달라거나 만나서 얘기하자고 한다. 대부분 브라만 계급의 힌두교 선생들이다. 어떤 이는 조금 부드럽게 "우리는 남에게 종교를 강요하지 않으니 너희도 강요하지 마라.", "나는 영생이 필요 없으니 너나 잘 믿어라.", "한 번만 더 전도 편지 보내면 경찰에 신고하겠다.", "Rice bag convert(기독교도들을 조롱하는 말).", "너희 조상 종교로 돌아오라.", "나는 나 자신의 선행, 명상, 요가로 신이 될 수 있으니 구원이 필요 없다." 등등 여러 답변이 돌아온다.

처음 전도 편지를 보낼 때는 순수 복음만을 전달하고 힌두교의 교리와 신들에 대한 언급은 하지 않는다. 하지만, 이런 답변들이 오면 힌두교를 믿는 너의 답변을 이해하지만 네가 믿는 카르마(Karma: 업), 모크샤(Moksha: 힌두교인들이 최종적으로 도달하고자 하는 목표. 불교의 해탈과 같은 의미), 삼사라(Samsara: 윤회), 라마, 크리슈나 신들에 대해 함께 토론해 보자고 하면서 답변을 보낸다. 참고로 대략적인 내용을 기술하면 다음과 같다.

《Bhagavad Gita》Chapter 2, Verse 20에 보면 다음과 같이 쓰여 있다.

न जायते म्रियते वा कदाचि
नायं भूत्वा भविता वा न भूयः |
अजो नित्यः शाश्वतोऽयं पुराणो
न हन्यते हन्यमाने शरीरे

영어와 한국어는 다음과 같다.

The soul is neither born, nor does it ever die; nor having once existed, does it ever cease to be. The soul is without birth, eternal, immortal, and ageless. It is not destroyed when the body is destroyed.

영혼은 태어나지도 않고 소멸되지도 않는다고 한다. 《Bhagavad Gita》는 기원전 약 6세기경에 쓰여졌고 그때의 인도 인구는 약 3천만 명 정도였다. 지금의 인도 인구는 약 15억 명인데, 영혼이 태어나지도 않는다면 현재 14억 7천만 명의 영혼은 어떻게 설명할래? 너는 삼사라를 믿지만 나는 이런 이유로 믿기 힘들다. 삼사라가 없기에 카르마나 모크샤의 개념도 허구이다.

이렇게 답변하면 답장이 오지 않거나, 좀 더 의견을 피력하거나, 아니면 'Jai Sri Ram'이라고 조금 격앙된 반응을 보인다. 이런 답변들이 오면 또 그들의 답변에 대응하면서 거듭되게 복음을 전달한다.

라마와 크리슈나, 이 두 신은 힌두교인들이 가장 많이 믿는 신이다. 이

신들을 믿는다고 하면 다음과 같은 답변을 한다.

"푸라나(Purana)에 의하면 라마는 비슈누의 7번째 아바타(화신)이고 크리슈나는 비슈누의 8번째 아바타라고 기록되어 있다. 비슈누가 나타날 때는 가루다(Garuda)를 타고 나타난다. 가루다는 인간의 몸체에 독수리의 머리와 부리, 황금 날개, 다리, 발톱을 갖고 있다고 하는데 현실 속에 그런 새가 있다고 생각하나? 그리고 신이 새를 타고 나타나는 것이 이해가 되나? 비슈누는 인드라(Indra) 이전의 리그베다 시절에 태양신에 불과하였다. 현시대에 태양에 관여하는 신이 있다고 믿는가? 따라서 비슈누는 그리스 신화처럼 상상 속의 신이고 실재하지 않는 신이다. 그러므로, 그의 아바타인 라마와 크리슈나 역시 상상 속의 신들이다. 너의 평생을 이렇게 존재하지 않는 신들을 숭배한다고 허비하지 않았으면 한다."

그런 후 복음에 대한 설명을 하고 주 예수님을 믿으라고 답변을 한다.

6장
인터넷 선교

6장 인터넷 선교

선교나 전도에 관심이 있지만 여건상 많은 시간을 낼 수 없는 경우도 있을 것이고 주위에 선교나 전도에 동참할 수 있는 단체나 기관이 없는 경우도 있을 것이다. 하지만 그런 경우에도 선교에 동참할 다양한 방법이 있다. 정보 통신 시대를 맞이하여 인터넷을 이용하여 노방전도처럼 사이버상에서나 메타버스상에서 수많은 사람에게 전도를 할 수 있기 때문이다. 인터넷으로 선교를 할 수 있는 방법은 여러 가지가 있다. 이메일을 이용하여 복음 편지를 보내거나, 페이스북, 인스타그램의 비즈니스 계정을 활용하거나 유튜브를 사용하여 다양하게 전도와 선교 활동을 할 수가 있다. 이들에 대해 자세히 알아보자.

가. 이메일을 통한 전도, 선교

이메일로 복음을 전하는 것은 직접 만날 수 없지만 복음을 들어야 할 친구, 친지, 지인들에게 복음을 전할 수 있는 중요한 통로이다. 이미 우리는 신약 성경 내에 바울을 비롯한 사도들이 서신을 통하여 복음을 전하고 교회를 격려한 많은 글을 가지고 있는데 이 서신들은 수천 킬로미터를 누군가 목숨을 걸고 힘들게 여행하며 전하여 준 편지들이다. 아마 그 시대에 인터넷이 되었더라면 분명 사도들은 이메일을 통하여 더욱 효과적으로 이 편지들을 전달하였을 것이다. 지금의 정보 통신 기술을 생각한다면 하나님께서는 얼마나 놀라운 복음 전달의 가능성을 우리에게 열어 주셨는지 놀라울 뿐이다.

지난 몇 년간 팬데믹으로 대면 전도를 할 수 없을 때는 정보 통신 수단만이 거의 유일한 복음 전달 통로였다고 말할 수 있을 것이다. 이메일은 국내의 사람들뿐 아니라 현시대에 공개적으로 전도가 힘든 무슬림 국가나 공산권, 힌두교인들에게 시공을 초월하여 직접 복음을 전달해 주는 강력한 수단이다. 이메일로 복음 편지를 보낼 경우에는 전도지를 직접 배포하는 것과 비교할 수 없이 많은 사람에게 단시간에 전할 수 있다. 그러나 복음 편지를 적절하게 제대로 만들어야 하고 스팸 처리 없이 제대로 많은 사람에게 전달하기 위해서는 정성과 노력이 많이 든다. 이러한 수고의 대가로 100명 중 한 명, 또는 1,000명 중 한 명이라도 복음을 받아들인다면 엄청난 선교의 열매를 맺을 수 있을 것이다. 이런 기대감을 가지고 약 5년 전부터 필자는 선교 사역 경험이 있는 목사님과 또 선교에 헌신한 몇 성도님과 함께 팀이 되어 이메일 선교를 시작하였다. 그간 우리가 행한 사역을 통한 이메일 전도 노하우를 공개하고자 한다.

❶ 이메일을 사용하기 위한 기술과 방법

이메일 전도의 핵심은 발송된 전도 메일이 스팸으로 빠지지 않고 정상적으로 전달되도록 하는 것이다. 가령 네이버에서 지메일로 이메일을 보낸다고 하자. 그러면 발송된 이메일은 네이버의 아웃고잉 서버를 거쳐 지메일의 인커밍 서버에 도착한 후 수신자의 인박스에 도착한다. 그런데 발송한 이메일 주소가 비정상적이거나 오랫동안 사용하지 않아 비활성화된 메일 주소일 경우에는 반송이 된다. 반송률이 10% 정도를 넘어가면 메일 발신자 이메일을 블랙리스트로 분류한다. 이렇게 되면 아무리 이메일을 보내어도 정상적으로 전달되지 않고 스팸으로 빠진다. 이 문제를 해결하기 위해서는 비정상 이메일과 비활성화 상태인 이메일을 걸러 내어야 한다. 이메일 개수가 적을 경우 상업적으로 이메일 주소 검증 서비스를 하는 회사(Email validation company)를 이용하면 된다. 하지만 이메일 개수가 많을 경우에는 직접 프로그램을 사용하여 작업을 수행할 수 있다. 작업은 우분투 베이스의 리눅스 민트 시스템에서 한다고 가정하자.

■ 비정상 이메일 걸러 내기

비정상 이메일의 예는 honggildong.naver.com(@ 빠짐), chulsoo@@ daum.net(@ 두 개임), gi"joe"@gmail.com(따옴표가 들어갔음) 등등인데 펄(Perl)의 Email::Valid 모듈을 사용하면 걸러 낼 수 있다. 모듈 사용 예는 다음과 같다.

```perl
#!/usr/bin/perl
use Email::Valid;
open (tmp0, "input.email");
open (tmp1, ">output.email");
while (<tmp0>){
($a,$b) = split('\ ');
$a =~ s/\n//;
my $address = Email::Valid->address($a);
printf tmp1 ("%-5s\n", $address);
$b =~ s/\n//;
}
close (tmp1);
close (tmp0);
```

위에서 input.email은 수신자들의 이메일 리스트고 output.email은 비정상 이메일이 걸러진 이메일 리스트다. 걸러진 이메일 중 정상 이메일 포맷을 가지고 있지만 수정을 요하는 것들이 있을 것이다. 예를 들면 dengdengi@gamil.com을 dengdengi@gmail.com(gamil→gmail)로, honggildong@yaho.com을 honggildong@yahoo.com(yaho→yahoo) 으로 고치는 것 등이다.

■ 비활성화 이메일 걸러 내기

비활성화 이메일은 파이선(Python)의 validate_email과 pyDNS 모듈을 사용하면 걸러 낼 수 있다. 요즘의 리눅스에는 Python3가 디폴트로 인스톨되어 있다. 그런데 이 모듈들은 Python2에서 잘 작동하므로 다음과 같은 과정을 거쳐 인스톨하면 된다.

Python2 인스톨하기
sudo apt-add-repository universe
sudo apt update
sudo apt install python2

Pip2 인스톨하기
sudo apt update
sudo apt install curl
sudo curl https://bootstrap.pypa.io/pip/2.7/get-pip.py --output get-pip.py
sudo python2 get-pip.py

validate_email과 pyDNS 인스톨하기
sudo pip2 install validate_email
sudo pip2 install pyDNS

이 모듈들이 인스톨되었으면 위에서 비정상 이메일이 걸러진 파일(output.email)을 가지고 python 2를 실행한 후 다음 예와 같이 하면 된다.

import os

```
from validate_email import validate_email
#open file1 in reading mode
file1 = open('output.email', 'r')
#open file2 &file3 in writing mode
file2 = open('output.email.active','w')
file3 = open('output.email.inactive','w')
for line in file1:
 is_valid = validate_email(line.strip(),verify=True)
 if is_valid:
 file2.write(line.strip() + "\n")
 else:
 file3.write(line.strip() + "\n")
 dt = datetime.now()
 file3.close()
 file2.close()
 file1.close()
```

- **이메일 대상자 수에 따른 효과적인 방법들**

먼저 친구들이나 동창들에게 보내는 잘 걸러진 이메일 개수가 천 개가 넘지 않는다면 일반적으로 사용하는 네이버, 다음, 또는 지메일을 사용하여 하루에 얼마씩 보내도 늦어도 한 달 내에는 다 보낼 수가 있다. 그리고 이메일을 발송 대행 회사를 이용하여 보낼 수도 있는데 대표적인 대행 회사가 mailchimp이다. 이 경우 몇 개의 이메일이 읽혔는지 답장은 몇 개가 왔는지 등의 통계를 볼 수가 있다. 하루에 몇십 개의 이메일을 보낼 경우 보내는 메일이 스팸으로 빠질 가능성이 거의 없다. 이메일 개수가 많을 경우 포털 메일을 사용하여 보내려면 일이 많고 시간도 많이 걸린다. 어떻게 하면 좀 더 쉽게 자동으로 보낼 수 있을지 윈도우와 리눅스 시스템으로 나누어 살펴보자.

a. 윈도우에서 이메일을 보내는 방법

윈도우에서 이메일을 보내기 위해서는 마이크로소프트 365와 이메일 호스팅 서비스를 구입하여야 한다. 그런 후 아웃룩과 워드 메일 머지 기능을 사용하여 이메일을 발송하면 된다. 이메일 호스팅이란 메일 서버를 별도로 구축하지 않아도 자체 도메인으로 이메일을 보낼 수 있는 서비스를 말한다. 포털 메일을 사용할 경우 메일 주소가 ○○○@naver.com 또는 ○○○@gmail.com으로 되지만 메일 호스팅을 사용할 경우 원하는 이름과 도메인명으로 이메일을 보낼 수 있다. 요즘 젊은이들은 아이스아메리카노를 아아로 줄여 부른다고 한다. 예를 들기 위해 사용하는 메일 호스팅 회사를 아화로 줄여 가칭하자. 먼저 마이크로소프트에서 마이크로소프트 365 홈 버전을 구입하고, 그 후 아화에서 마이크로소프트 365 이메일 호스팅과 도메인(예를 들어 gospel2world.com)을 구입한다. 그런 후 유저네임 paul, 도메인 이름이 gospel2world.com으로 이메일 어카운트를 세팅하였다고 하면 paul@gospel2world.com이라는 자기 고유의 이메일 어카운트가 생성된다.

그런 다음 마이크로소프트 아웃룩에서 파일 메뉴를 클릭하고 계정 추가 버튼을 누른 후 앞서 생성된 paul@gospel2world.com을 추가한다. 그다음 단계는 마이크로소프트 엑셀로 이메일 수신자 리스트를 만든다. 첫째 칼럼은 이름, 둘째 칼럼은 이메일 주소를 기입한다(이름은 없어도 된다). 이 과정에서 Perl이나 Python 스크립을 쓰면 좀 더 쉽게 작업할 수 있다. 예를 들어 다음과 같이 in.csv 파일을 만들었다고 하자.

"Name","Email"

"first_last_name.1", "aaron@gmail.com"

"first_last_name2", "boaz@gmail.com"

…

이 파일을 엑셀 파일로 변경하기 위해 엑셀을 시작하고 파일을 불러들인 다음 엑셀 파일 xlsx로 변경하면 된다. 리눅스에서 리브레오피스를 쓸 경우 csv 파일을 다음의 커맨드 라인으로 엑셀 파일로 변경할 수 있다.

loffice --headless --convert-to xlsx:"Calc MS Excel 2007 XML" in.csv

그다음은 워드를 열고 복음 편지를 작성한다. 편지 작성이 끝나면 워드의 편집 메뉴를 클릭, 편지 병합(메일 머지) 시작 클릭, 전자 메일 메시지 선택, 그 후 받는 사람 선택 메뉴를 누르고 기존 목록 사용을 클릭한 후 찾아보기로 준비한 엑셀 파일을 선택한 후 전자메일로 병합하면 된다. 병합의 메시지 옵션에서 받는 사람은 in.xlsx 샘플 파일의 헤드에 있는 Email을 선택하고 제목 필드는 적절한 제목으로 기입한 후 확인 버튼을 누르면 워드로 작성한 복음 편지가 엑셀 파일로 작성된 이메일 주소로 자동으로 보내지게 된다.

b. 리눅스에서 이메일을 보내는 방법

리눅스에서 이메일을 보내기 위해서는 우선 컴퓨터에 리눅스 시스템을 설치하여야 한다. 구글로 '민트와 윈도우 듀얼 부팅 방법'을 서치하면 설치 방법이 자세히 나와 있을 것이다. 만약을 위해 설치 전에 윈도우에 있는 중요한 파일들을 백업하는 것이 좋다. 설치 후 컴퓨터를 켜면 윈도우 또는 리눅스 선택 메뉴가 나오는데 리눅스를 선택하면 된다. 리눅스 시스템은 명령어만 암기하면 쉽게 배울 수 있으며 반나절이나 하루 정도면 어느 정도 사용할 수 있을 것이다.

리눅스에서 메일을 보내기 위해서는 웹 호스팅 서비스와 도메인을 구입해야 한다. 이메일을 보내다 보면 아무리 스팸에 주의한다고 해도 스팸 서버로 분류되는 경우가 많기에 연간 요금제를 선택하기보다는 월간 요금제를 선택하는 것이 좋다. 왜냐하면 서버가 스팸 서버로 등록되면 사용할 수 없기 때문이다. 또 다른 고려 사항은 'ssh'와 'sftp'가 가능한 웹 호스팅 서비스를 구입하는 것이다. 그래야만 'sftp'로 필요한 파일들을 업로드할 수 있고 'ssh'로 서버에 로그인하여 메일을 보낼 수 있기 때문이다. 가령 아화라는 웹 호스팅 업체에서 웹 호스팅과 도메인을 구입하였다고 하자. 그러면 그 호스팅 업체의 웹 사이트로 들어가 등록할 때 사용한 유저 네임과 패스워드를 사용해 로그인한 후 'My Account', 'My Products', 'Web Hosting' 'Manage All' 순서로 클릭하면 Domain/Server name과 다른 정보들이 디스플레이될 것이다. 여기서 도메인 이름을 클릭하면 등록된 도메인 이름의 웹 사이트 정보가 나온다. 그리고 오른쪽에 보면 'Settings'가 있는데 여기서 'cPanel login' 이름을 메모하고(ssh를 할 때의 유저 네임이다), Server 메뉴를 클릭하면 IP address가 보일 것이다.

이것도 메모하자. 그리고 'SSH access'가 기본적으로 'Off'로 되어 있을 텐데 'Manage' 버튼을 클릭하여 SSH access를 On하고 Password 쪽의 'Edit' 버튼을 눌러 새로운 비번을 적어 넣는다. 이렇게 하면 리눅스에서 이메일을 보내기 위한 기본 세팅이 된 것이다. 설명을 이어 나가기 위해 cPanel login 이름이 cyberpaul, IP address가 12.34.5.678이라고 하자. 그런 후 리눅스에서 터미널을 하나 열고 'ssh cyberpaul@12.34.5.678'을 타이핑하면 'ssh'로 웹 호스팅 서버에 로그인을 할 수가 있다. 패스워드를 입력한 후 로그인하여 'ls'를 타이핑하면 대개 public_html 디렉터리가 보일 것이다. cd public_html을 타이핑하여 이 디렉터리에 가서 mkdir work를 타이핑하여 작업할 디렉터리를 만들면 좋다. cd work로 이 디렉터리에 들어가 리눅스에서 많이 쓰이는 vi 또는 gedit을 사용하여 복음 편지를 작성하고 커맨드 라인 명령문으로 메일을 보내면 된다. 예를 들어 작성된 복음 편지 파일 이름이 gospel.txt, 메일 제목이 '복음 편지', 받는 사람 이메일 주소가 tellmegospel@gmail.com이라면 다음을 타이핑하면 메일이 발송된다.

mail -s '복음 편지' tellmegospel@gmail.com 〈 gospel.txt

- **이메일 발송 개수 제한 사항**

웹 호스팅 서버에서 이메일을 보낼 때는 개수 제한이 있는 곳이 많다. 이걸 잘 살펴야 메일이 스팸으로 빠지는 것을 방지할 수 있다. 이메일 개수 제한 예를 보면 다음과 같다.

cPanel에서, 500 per hour, Plesk에서, 1000 per day, 또는 웹 호스팅 서버를 만든 후,

0 - 7 Days, 50 Emails per hour, 8 - 14 Days, 100 Emails per hour, 15 - 30 Days, 400 Emails per hour, 〉 30 Days, 500 Emails per hour,

또는 (MICROSOFT EXCHANGE 2019)

0 - 7 days, 1 email per minute, 8 - 14 days, 2 emails per minute, 15 - 30 days, 7 emails per minute, 〉 30 days, 10 emails per minute.

오랫동안 안전하게 이메일을 보내려면 처음 1주 동안은 하루 100개, 다음 주에는 하루 200개, 그다음 주는 400개, 그다음은 600개 등등으로 조금씩 늘려 나가는 것이 좋다.

메일 보내는 인터벌도 문제가 될 수 있기에 리눅스 명령어 sleep을 써서 한 메일과 그다음 메일에 인터벌을 주는 것이 좋다. 예를 들면 다음과 같다.

```
mail -s '복음 편지' tellmegospel@gmail.com 〈 gospel.txt
echo "1"
sleep 72s
mail -s '복음 편지' tellmegospel2@gmail.com 〈 gospel.txt
echo "2"
sleep 159s
mail -s '복음 편지' tellmegospel3@gmail.com 〈 gospel.txt
echo "3"
sleep 95s
mail -s '복음 편지' tellmegospel4@gmail.com 〈 gospel.txt
…
mail -s '복음 편지' sendtome@gmail.com 〈 gospel.txt
```

위의 예에서 echo는 복음 편지가 잘 보내지고 있는지 스크린에 표시하도록 하는 명령어고 sleep 뒤에 있는 숫자는 편지를 보낸 후 숫자 초만큼의 인터벌을 쉰 다음 이메일을 보내라는 의미다. 이 숫자를 조정하면 하루에 몇 개씩을 보낼지 개수를 정할 수 있는데, 하나 보내고 120초 쉬고 그다음 보내고 120초 쉬고 하는 것보다 간단한 프로그램을 써서 쉬는 시간을 랜덤 넘버로 발생하도록 정하는 것이 좋다. 랜덤 넘버 발생 시 발생된 모든 숫자의 평균이 하루에 보내고자 하는 개수를 충족시키면 된다. 이렇게 랜덤 인터벌로 보내는 게 웹 서버의 활동을 점검하는 AI 프로그램에 걸릴 확률이 낮다. 하루에 보내는 이메일 개수가 많아 간단한 프로그램을 써서 위의 메일 명령문을 작성하였다고 하자. 그러면 작성된 파일을 리눅스에서 자동으로 실행되도록 chmod 명령문을 사용하여 쉘에서 실행 가능한 파일로 변형해야 한다. 작성된 파일 이름이 send_gospel_letter.sh라면 터미널에서 chmod 755 send_gospel_letter.sh를 타이핑한 후 ./send_gospel_letter.sh를 타이핑하면 메일이 자동으로 보내지기 시작한다. 메일이 잘 전달되는지 알기 위해 마지막 메일은 자신의 이메일로 들어오도록 하면 메일이 인박스로 오는지 아니면 스팸으로 빠지는지 점검할 수 있다.

- **■ 이메일이 스팸으로 처리되는 것을 예방하는 방법**

이메일이 스팸으로 처리되면 수신자는 그 편지를 읽어 보지 않을 것이고 우리가 한 사역은 헛수고에 지나지 않을 것이다. 그러므로 이메일이 반드시 수신자의 이메일 박스에 전달되도록 하는 것이 이 사역의 관건이다. 지메일을 비롯한 대부분의 회사가 AI를 사용하여 대량의 이메일이나 이메일로 보내기에 적절하지 않은 내용을 가진 이메일은 스팸으로 처리하기에 메일이 스팸으로 처리되지 않도록 지혜롭게 사역하여야 한다.

메일의 개수를 적게 보내고(하루에 백 개 이하), 사용하는 서버가 한두 개일 경우에는 보내는 메일이 스팸으로 빠질 확률이 낮다. 하지만 메일 호스팅 서버(윈도우로 메일을 보내는 것)와 웹 호스팅 서버를 많이 사용할 경우에는 스팸 방지를 위해 정성을 기울여야 한다. 예를 들어 6개의 컴퓨터에 각각 다른 6개의 메일 호스팅 서버를 쓰고 하나의 리눅스 컴퓨터에 6개의 터미널을 열고 6개의 웹 호스팅 서버에 로그인하여 복음 편지를 보낸다고 가정하자. 그럴 경우 각 호스팅 서버에 각기 다른 내용의 복음 편지와 이메일 제목을 쓰는 게 스팸으로 빠질 확률이 낮다.

그리고 본격적으로 편지를 보내기 전에 각 서버에서 자신의 메일 주소로 테스트 메일을 보내어 인박스로 잘 전달되는지 확인 후에 메일을 보내면 된다. 지메일은 한 사람이 6개의 이메일을 만들 수 있다. 자신에게 보내는 테스트 이메일도 한곳의 이메일로 보내지 말고 6개의 각각 다른 이메일로 보내 확인하는 게 좋다. 첫날 서버 1, 2, 3, 4, 5, 6에서 자신의 이메일 1, 2, 3, 4, 5, 6으로 테스트 메일을 보내 점검하였으면 그다음 날은 같은 서버에서 자신의 이메일 2, 3, 4, 5, 6, 1로 테스트 메일을 보내면 좀 더 정확하게 스팸 여부를 알 수가 있다. 이렇게 하여 메일이 스팸으로 빠지지 않는다면 본격적으로 메일을 보내면 된다.

메일을 보낸 후 그다음 날 보낼 때는 제목과 내용에 조금씩 변형을 주면 스팸으로 빠질 확률이 낮다. 제목은 완전히 바꾸고 내용은 문장 서두 부분만 조금 변경하면 된다. 예를 들어 복음 편지 서두 부분에 "How are you doing?"이라고 하였다면 다음 날은 "I hope this email finds you well."이라고 바꾸든지, 아니면 본문 전에 성경 구절을 넣는다. 지메일 같은 경우 메일 통행량이 많아 제목과 서두 부분만 AI가 점검하는 것 같다. 그래도 스팸으로 빠지면 우선 편지 내용을 전반적으로 수정하고 제목도 완전히 다른 것으로 하면 인박스로 들어가기도 한다. 메일을 인도에 보낸다고 하면 영어로 메일을 보냈다가 힌두어로 번역한 것으로 보내는 것도 한 가지 방법이다. 복음 편지 하단에 구독 취소 링크를 걸어 두고 php와 mysql을 사용하여 처리한다면 스팸으로 빠지는 확률이 줄어들기도 한다. 될 수 있으면 이외의 다른 링크는 본문에 삽입하지 말기 바란다.

만일 여러 가지 변형을 주더라도 테스트 메일이 계속 스팸으로 빠지면 메일을 보내는 서버가 블랙리스트로 등록됐을 가능성이 크다. 이 경우에는 다음 두 가지 중 한 가지를 선택하면 된다. 윈도우의 경우, 예를 들어 지메일 서버에 블랙리스트로 등록되었으면 한 달 정도 기다리면 블랙리스트에서 해지된다. 기다리는 동안에는 다음이나 네이버 같은 다른 이메일로 보내면 정상적으로 잘 도착하니까 지메일이 아닌 다른 곳으로 이메일을 발송하면 된다. 또는 아웃룩에 블랙리스트로 등록된 메일 호스팅 계정을 지우고 다른 도메인으로 메일 호스팅 계정을 만들어 다시 적은 개수의 이메일을 보내면서 서서히 개수를 증가시켜 사용하면 된다. 리눅스의 경우에는 스팸으로 빠지는 호스팅 서버는 구독을 취소하고 다른 웹 호스팅 서버를 구입하여 다시 시작하면 된다.

❷ 복음 편지 작성과 회신 관리

우리는 이메일을 통하여 다양한 정보를 전달하고 전달받는다. 아는 친구나 지인들, 친지들에게 복음을 직접 전할 수 없고 이메일로만 전한다면 결국 편지로 내용을 써서 전해 주듯 전하여 줄 수밖에 없을 것이고 이러한 사적인 전도 이메일은 수신자와의 다양한 관계 속에서 쓰인 사적인 서신 형태로 복음을 전하여 주면 될 것이다. 이러한 사적이고 개인적인 편지 형태의 이메일은 내용을 보완하기도 하고 신앙에 도움이 되는 새로운 정보를 더하여 주는 등 다시 이메일을 보낼 수 있으므로 크게 문제 될 소지가 없을 것이다.

그러나 이메일 주소밖에 모르는 전혀 모르는 국내의 사람들에게, 다른 나라의 외국인들에게, 혹은 선교지에서 선교 대상지의 사람들에게 복음을 이메일로 전한다면 결국은 그들의 특수한 문화나 종교적 환경을 고려하여 그들에게 맞는 적절한 용어를 사용하여 전도지를 만들어 보내어야 한다. 회신을 받고 답신을 하는 경우가 아니라면 이 이메일들은 일회성 메일이 될 수밖에 없다. 그러므로 이러한 이메일은 작성에 더 신중을 기하여야 한다. 우리는 이 편지를 복음 편지라고 부른다.

복음 편지에는 하나님의 구원 계획이 올바르게 기록되어야 하며 또 읽는 자가 쉽게 이해할 수 있도록 제시되어야 한다. 설득력이 있도록 논리도 갖추어져야 한다. 그리하여 복음을 듣는 자가 그 복음을 이해하고 그에 반응하도록 하여야 하는 것이다. 그러므로 복음 편지를 작성하는 이는 먼저 구원받은 자여야 하고, 복음에 대하여 잘 설명한 책들을 읽고 계속 연구하여야 하며, 보내는 지역의 문화와 종교적 환경도 공부하여야 할 것이다. 그 내용에 있어서도 다른 종교 등을 비난하는 것은 금물이며 오직 순수한 복음을 바르게 전달하도록 신중하고 조심스럽게 작성해야 할 것이다.

복음 편지를 쓸 때는 다양한 전도지나 대학생 선교회 등에서 나온 전도용 소책자들을 참고로 하여 쓸 수도 있을 것이며 최근에 활성화되고 있는 ChatGPT를 이용하여 쓸 수도 있을 것이다. 요즘은 많은 이가 핸드폰을 통하여 이메일을 열어 보기에 한 번의 클릭으로 이메일을 열어서 다 읽어 볼 수 있도록 너무 길지 않게 쓰는 것도 중요하다. 복음 편지를 작성한 뒤에는 복음주의 정통 기독교 신학을 공부한 목사님과 같은 사역자들에게 읽어 보도록 하여 자문을 구하는 것이 중요할 것이다. 이러한 과정을 통하여 복음이 왜곡되어 전달되는 일이 없도록 하여야 할 것이다. 필자가 복음 전도에 관한 한 권의 책을 추천한다면 마크 데버의 《복음과 개인 전도》이다. 마크 데버가 이 책에서 복음을 이렇게 간단하게 요약하여 놓았다.

- 복음이란 -

거룩하고 유일하신 하나님께서는 그를 알 수 있도록 우리를 자신의 형상으로 지으셨다. 그러나 우리는 죄를 지었고 우리 자신은 하나님과 단절되고 말았다. 하나님은 위대한 사랑 안에서 예수 안에서 사람이 되어 완전한 삶을 사시고 십자가에 달려 죽으심으로 친히 율법을 이루시고 회개하고 돌이켜 자기를 믿는 모든 사람들의 죄의 형벌을 담당하셨다. 그리고 죽은 자 가운데서 다시 살아나심으로 하나님께서 그리스도의 속죄 제물을 받으신 것과 우리에 대한 하나님의 진노가 소멸되신 것을 보여 주셨다. 하나님께서는 지금 우리로 하여금 우리의 죄를 회개하고 죄 사함을 위해 오직 그리스도만을 믿으라고 촉구하신다. 만약에 우리가 우리의 죄를 회개하고 그리스도를 믿는다면, 우리는 새 생명으로 거듭나며 하나님과 영원히 함께 사는 영생을 얻을 것이다.

▪ ChatGPT를 이용하여 외국어 복음 편지를 작성하는 방법

외국에 사는 사람들에게 복음 편지를 보내고 싶은데 언어가 조금 부담이 되는 경우가 있을 것이다. AI 시대에 살고 있는 우리에게 ChatGPT(chat.openai.com)라는 강력한 도구가 있다. 가령 영어권 친구들에게 복음 편지를 보낸다면 영어로 복음 편지를 작성하거나, 한글로 편지를 써서 구글이나 네이버의 파파고를 사용하여 번역하거나, ChatGPT를 사용하여 복음 편지를 작성할 수 있다. 영어 외의 다른 나라 친구들에게도 ChatGPT를 사용하면 쉽게 복음 편지를 작성할 수 있다.

ChatGPT를 사용하려면 우선 웹 사이트에 가서 등록을 해야 한다. 영어권 친구들에게 영어 복음 편지를 쓰려면 영어 웹 사이트인 chat.openai.com을 사용하는 게 좋다. 영어로 좀 더 자연스러운 복음 편지를 작성해 준다. 등록을 마치면 오른쪽 하단에 있는 메시지 창에 다음을 타이핑해 보자.

"Write a gospel letter based on the 4 spiritual laws."

그러면, 사영리에 기초한 복음 편지를 출력할 것이다. 다른 내용의 편지를 출력하려면 조금 다르게 타이핑을 하면 된다.

요한복음 3장 16절을 바탕으로 300자 정도의 복음 편지를 작성하라. 영접 기도를 포함하라. Write a gospel letter based on John3:16 using about 300 words. Include an acceptance prayer.

인도 친구에게 예수님, 구원, 은혜 등의 단어를 넣고 복음 편지를 작성하라.
Write a gospel letter to Indian friend. The letter should include these words:

Jesus Christ, salvation, and grace.

복음 편지를 300자 정도의 단어를 써서 아랍어로 작성하라.
Write a gospel letter in Arabic using about 300 words.

위와 같이 타이핑하여 출력된 복음 편지는 어떤 내용이 출력되었는지 구글 번역기를 사용하여 한글로 반드시 번역하여 내용을 점검하고 수정하여 보내는 것이 좋다. 경험상 ChatGPT를 사용할 시 유의점은 아직 언어별로 ChatGPT의 정보 능력이 한계가 있다는 것이다. 필자가 이용해 본 결과 한국어의 경우 ChatGPT가 만든 복음 편지는 내용이 상당히 미흡하고 잘못된 정보도 많은 것을 발견할 수 있었다. 꼭 출력하여 번역기로 내용을 파악하고 수정하는 작업이 필요하다.

참고로, 우리 팀이 한국어로 보낸, 서론 부분을 생략한 한 편지를 소개한다. 이 서론에 여러분의 신앙 간증을 넣어도 될 것이다.

- 복음 편지 예시 -

(서론 생략)

예수 그리스도는 기원 전후로 나누어지는 역사의 중심이십니다. 당신의 주민 등록번호의 첫 네 숫자는 예수 그리스도의 오심을 기점으로 시작된 연수입니다. 당신이 의식하든 안 하든 그는 역사의 주관자이시며 또한 당신의 삶은 절대적으로 그분께 의존되어 있음을 간접적으로 보여 주는 증거입니다. 마치 지구상의 생물들이 태양을 의식하지 않고 살아가지만, 태양으로부터 오는 에너지로 그들의 생명을 유지하는 것과 같다고 볼 수 있습니다.

예수님은 누구인가? 예수님은 유일하신 창조주 하나님(성부 하나님, 성자 예수님, 성령 하나님)의 제2위 되신 하나님으로서 태초부터 존재하셨으며 만물이 그를 통하여 창조되었습니다.(요한 1:1~3; 골 1:15, 16) 예수님은 그의 놀라운 가르침을 통하여, 어떤 인간도 행할 수 없었던 기적들을 행하심으로(요한 15:24), 그의 삶을 통한 구약 예언의 성취를 통하여, 본질적으로 그는 하나님과 동일하시며, 하나님께서 보내신 구원자이심을 분명히 믿을 수 있는 증거를 주었습니다.

구원받아야 할 인간의 상태: 하나님께서 그의 독생자 예수님을 보내신 목적은 그의 피조물에 대한 하나님의 사랑 때문입니다. 죄로 말미암아 소망 없는 인간을 구원하시고 저주 가운데 있는 만물을 회복하시려는 것입니다.(요한 3:16~18) 하나님의 형상대로 창조된 인간은 영적으로 이미 죽었기에 창조주 하나님을 모릅니다. 그 이유는 첫 사람 아담이 하나님의 말씀에 순종하지 않고 사탄의 유혹을 좇았기에 그 죄로 인하여 모든 인류는 죄의 지배 아래 들어갔으며, 모든 사람은 죄의 성향을 가지고 태어나며, 삶의 모든 영역에서 죄로 기울어져 있습니다. 우리는 모두가 삶에서 하나님께 죄를 지었고 그 결과는 죽음과 하나님의 공의로운 심판대 앞에 서는 것입니다. "죄의 삯은 사망이요"(롬 6:23a) "한번 죽는 것은 사람에게 정하신 것이요 그 후에는 심판이 있으리니"(히 9:27) 이것이 인간의 운명이며 구원받아야 할 상태임을 보여 줍니다.

예수님께서 오신 목적: 예수님께서는 자신의 목숨을 주시기 위하여 오셨다고 말씀합니다. "인자는 섬김을 받으러 온 것이 아니라 섬기러 왔으며 많은 사람을 구원하기 위하여 치를 몸값으로 자기 목숨을 내주러 왔다"(막 10:45) 그리스도는 그분의 생명을 우리 죄의 값으로 내어 주심으로 용서와 회복의 길을 열어 주신 것입니다. 예수님께서는 십자가에서 죽으심으로 인간의 죄에 대한 하나님의 진노의 잔을 받으시며 죄의 값을 대신 치른 것입니다.(신 21:23; 사 53:5; 롬 3:25~26). 예수님께서는 돌아가신 뒤에 장사 지낸 바 되었다가 사흘 만에 죽음에서 부활하셨습니다. 이후에 40일 동안 이 땅에 머무시며 제자들에게 천하 만민에게 복음을 전하라고 명하신 뒤에 그들이 보는 가운데 하늘로 올라가셨으며 올라가신 것과 같이 다시 오실 것을 약속하였습니다.

죄로 말미암아 소망 없이 멸망할 인간을 살리고 하나님과 회복시키기 위한 해결책은 하나님께서 제시한 이 길 외에는 없습니다. 예수께서 가라사대 "내가 곧 길이요 진리요 생명이니 나로 말미암지 않고는 아버지(하나님)께로 올 자가 없느니라"(요 14:6) "다른 이로서는 구원을 얻을 수 없나니 천하 인간에 구원을 얻을 만한 다른 이름을 우리에게 주신 일이 없음이니라"(행 4:12)

어떻게 해야 할까요? 창조주 하나님께서는 당신을 무한히 사랑하여 이 구원의 길을 예비하여 놓았습니다. 가장 많이 알려진 다음 성경 구절은 이 좋은 소식에 대하여 들은 자가 하여야 할 반응을 말해 줍니다. "하나님이 세상을 이처럼 사랑하사 독생자를 주셨으니 이는 그를 믿는 자마다 멸망하지 않고 영생을 얻게 하려 하심이라"(요 3:16) 독생자를 믿는다는 것은 바로 회개와 믿음입니다.

예수님께서 이렇게 말씀하였습니다. "회개하고 복음을 믿으라"(막 1:15) 회개는 돌아서는 것을 말하는데 이것은 죄의 길에서 돌아서는 것을 포함하여 예수님을 믿음으로 하나님께로 나아오는 것입니다. 허랑방탕한 삶을 뉘우치고 다시 아버지께로 돌아오는 탕자와 같이 하나님께로 돌아오는 것입니다. 이후에도 당신은 세상에서 죄와 여전히 싸울 것이나 죄의 지배적인 힘에서는 해방되고 더 이상 죄에 종속되지는 않을 것입니다.(롬 6:15~23)

"복음을 믿는다."라는 것은 예수님의 속죄의 희생을 받아들임으로써 죄의 사함을 받는 것과 예수님을 주님으로 마음에 인정하는 것입니다. 부활하여 만유의 주로 통치하시는 예수님을 구세주로서 입술로 고백하고 믿고 신뢰하는 것을 요구합니다. 이 믿음이 하나님과의 올바른 관계로 회복시킬 것입니다.

회개하고 예수님을 구원자로 믿어 하나님께로 돌이키십시오. 그러면 구원을 선물로 거저 받고 하나님의 자녀로 입양됩니다. 당신의 이름은 하늘의 생명책에 기록되어 하나님 나라의 시민이 될 것입니다. 하나님이 예비하신 완전한 나라, 새 하늘과 새 땅을 상속으로 받을 것입니다. 그러나 복음을 듣고도 이 진리를 거절하고 믿지 않는 이는 여전히 죄인으로 하나님의 진노 아래 머물다가 마지막 날에 하나님의 심판대 앞에 서게 될 것입니다.(요 3:36)

어두움이 짙어 가면 새벽이 가까워진 것입니다. 예수님께서는 다시 오신다고 약속하였습니다. 성경을 구하여 복음서를 읽어 보시기 바랍니다. 지역에서 평판이 좋은 정통 기독교 교회를 찾아가서 예수 그리스도에 관하여 물어보시기를 바랍니다. 예수님의 사역과 죽음, 부활을 통하여 하신 일들이 이해되고 예수님을 믿기로 작정하셨으면 다음의 기도로 당신의 마음을 하나님께 표현할 수 있습니다.

"하나님, 저는 죄인입니다. 하나님 없이 살아온 삶의 모든 죄를 회개합니다. 예수님께서 저의 죄를 위하여 십자가에서 돌아가시고 부활하신 사실을 믿습니다. 예수님의 보배로운 피로 저의 모든 죄와 허물을 씻어 주십시오. 부활하여 영원히 살아 계신 예수님을 나의 주님으로 믿습니다. 저의 삶을 통치하시고 다스려 주시옵소서. 아멘."

■ 회신 이메일에 대한 대응과 사후 관리

복음 편지가 바르게 전달되어도 받은 이들 대부분은 회신을 하지 않지만 종종 회신이 들어온다. 그것이 긍정적인 내용이든, 부정적인 내용이든 회신이 들어온다는 것은 상당히 반가운 일이다. 회신을 보내오지 않은 편지조차 편지가 스팸 처리되지 않고 잘 전달되었다는 신호로 볼 수 있고, 그들이 복음을 읽었을 가능성이 있다는 증거이기 때문이다.

우리의 경험을 보면 긍정적인 답신보다는 부정적인 답신이 많다. 복음이 전달될 때 항상 반대에 직면한다는 것을 생각한다면 당연한 일이지만 때로는 마음이 상하고 낙심이 클 수 있을 것이다. 여러분의 이메일 박스에 불쑥 낯선 단체로부터 당신의 종교나 사상과는 전혀 다른 정보가 들어오거나, 당신이 타 종교를 믿는 사람인데 예수님의 복음 소식이 적힌 이메일이 있다면 어떤 생각이 들 것인가를 생각해 보면 그들의 심정을 이해하게 될 것이다. 이 편지 내용을 생각해 보는 이들도 있을 거라고 우리는 믿고 보내지만, 처음 받고 읽게 되는 복음 편지는 기쁜 소식이 아니라 황당한 이메일이고, 어떤 이들은 불쾌한 생각도 들 것이다. 그들 가운데서 혈기가 왕성한 분들은 그들의 심정을 부정적인 회신으로 보내어 오는 것이다. 이러한 회신들을 받고서 낙심하지 말고 그들의 심정을 이해하여 주고 겸손하고 친절하게 답신으로 대응하면 대부분의 경우 한층 누그러진다는 것을 경험하였다. 그리고 이러한 회신에 대한 답신을 통하여 거듭 복음을 전할 수 있는 좋은 기회가 되니 부정적인 답신을 보내온 이들은 얼마나 소중한 영혼들인가!

❸ 대학 캠퍼스 선교의 이메일 활용 사례

▪ 누구에게나 열려 있는 황금 어장 대학 캠퍼스

미국의 로스앤젤레스 코비나시에 있는 브리지한인교회(The Bridge Church, 담임목사: 박진석)는 지역 대학 캠퍼스에서 선교 활동을 하면서 이메일을 활용한 사례를 보내어 주었다. 미국에서는 지역의 공립 칼리지나 대학교에서 누구나 자신의 의견을 표현할 수 있는 자유가 보장되기에 허락을 받으면 캠퍼스에서 자유롭게 전도나 선교 활동을 할 수 있다. 미국의 대학교들은 미국 학생뿐 아니라 전 세계에서 온 유학생으로 가득하다. 학기마다 새로운 학생들로 채워지는 대학가는 참으로 중요한 선교의 황금 어장이다. 이러다 보니 다른 종교 단체들은 이전부터 활발하게 대학생을 상대로 캠퍼스에서 활동해 오고 있다. 여호와의 증인들은 늘 교대로 나와서 오전부터 저녁까지 학생들이 하교할 때까지 상주하고 있고, 힌두교도 그들의 경전을 배포하고 있고, 모르몬교도 수시로 나와서 학생들의 호기심을 끄는 행사를 하곤 한다. 그러나 대부분의 지역 교회는 대학 캠퍼스 사역은 대학 선교 단체 등에 맡겨 두고 거의 관심을 두지 않고 있다.

그래서 브리지한인교회는 약 1년 전부터 전도팀을 구성하여 대학 캠퍼스 사역을 시작해 왔다고 한다. 교회에서 자동차로 약 15분 거리 내에 3개 대학이 있는데, 매주 수요일에 한 학교씩 목사님을 비롯한 성도들 5~6명이 방문하여 전도한다. 이들은 대학교에 가면 바로 사무실에 가서 허락을 받고 지정된 장소의 학생들 왕래가 잦은 곳에 테이블을 설치하고 교회의 현수막을 걸고 그 위에 배포할 포켓용 성경과 전도지, 볼펜, 노트, 간단한 선물 등을 올려 두고 테이블을 방문하는 학생들에게 복음도 전하고 질문에 답하기도 한다. 흩어져서 전도지를 배포하기도 하고 개인별로 기회가 되는 대로 사영리를 통하여 개인 전도도 한다. 매주 나갈 때마다 2~3명의 결신자가 생긴다. 그렇지만 그들을 바로 그 주일날 브리지한인교회로 나오도록 하는 일은 쉽지 않음을 알게 되었다. 비록 영어 예배가 있어도 마찬가지이다. 학교에 성경 공부 클럽을 만드는 것도 유창한 영어 사역자가 있지 않기에 쉬운 일이 아니었다. 그래서 생각한 것이 이메일 양육 방법이라고 한다.

■ 이메일 주소는 생명선

결신한 학생들을 간단히 양육하거나 기독교에 관심을 갖고 있는 학생들에게 예수님을 소개하기 위하여 이메일로 편지를 보내는 일이다. 이 사역을 시작점으로 하여 만나는 학생들에게 이러한 사역의 내용을 설명하기 위해 이메일을 습득하기 시작하였는데 매주 약 10명에서 15명의 이메일을 수집할 수 있다고 한다. 이메일을 받을 때 그들의 전공이나 관심사 등을 조금 메모해 두면 그들에게 이메일로 더욱 친근하게 다가갈 수 있고 그들을 돕는 일에 있어 귀한 정보가 될 수 있다. 이들에게 양육 혹은 복음 제시를 위하여 8번에 걸친 이메일 시리즈를 매주 하나씩 보낸다. 한 학기가 22주이면 적어도 약 200명의 이메일 주소를 얻게 되고 일 년이면 400명의 이메일 주소를 수집하여 복음을 계속 제시할 수 있다면 대단한 일이 아닐 수 없다. 비록 그들 모두가 다 이메일 편지를 열어 보지 않는다고 하여도 이메일 주소를 가지고 있다는 것은 계속 그들에게 기회가 되는 대로 접촉이 가능한 통로를 가지고 있다는 것이다. 그래서 이들은 이메일을 받는 종이를 생명 티켓이라고 부르고 마치 생명수를 전하여 주는 통로라고 생각하여 생명줄처럼 소중하게 관리하고 있다고 한다.

학기 중에는 학업으로 바빠서 이메일을 못 열어 보는 학생들도 있다. 한 대학의 이공계 학생이 말하기를 학기 중에는 거의 이메일을 볼 시간이 없다고 하였다. 학기가 끝나면 이메일로 한 학기의 수고를 위로하고 신앙에 유익한 좋은 정보를 소개할 수 있다. 예를 들면 최근에 옥스포드대학의 수학자로서 세계 유수 대학에서 초청을 받아 예수님을 전하고 있는 John Lennox 교수의 강연이나 그의 무신론 학자와의 논쟁이나, 학생들 개개인의 정보에 따른 적합한 필요 등을 알려 주기도 하고 또 학기 중 이메일을 전혀 열어 보지 않은 학생들에게는 방학을 맞이하여 다시 한번 이메일 시리즈로 방문하여도 좋을 것이다. 브리지한인교회가 보내는 8번에 걸친 복음 제시 이메일 시리즈의 주제는 'Invitation to New Life'이며 캠퍼스 전도를 한 당일 저녁에 처음 인사 편지를 보내고, 이후 매주 금요일이나 주말에 다음의 주제로 8번에 걸쳐 이메일을 보낸다고 한다.

- ▶ Remember Your Creator in the Days of Your Youth
- ▶ Jesus Christ(The Fulfillment of Prophecies in the Old Testament)
- ▶ Jesus Christ(Teachings and Miracles)
- ▶ Jesus Christ(Redemption Ministry and Resurrection)
- ▶ Born Again
- ▶ Praying and Reading the Bible
- ▶ The Biblical Solution
- ▶ Faith Community

■ 대학은 지역 교회가 책임져야 할 현장

이 교회 선교팀을 이끌고 있는 박환철 선교사는 이 대학 캠퍼스 사역은 비록 교회적으로는 성도의 수가 늘어나는 등 당장은 눈에 띄는 열매가 없을지라도 하나님의 나라를 위하여 반드시 지역 교회가 책임지고 하여야 할 하나님 나라의 사역이라고 말하고 있다. 대학을 주위에 두고 있는 교회이면 반드시 실행하여야 할 사역으로 여러 교회가 그 주위에 있으면 교회별로 특정한 요일을 담당하거나 오전, 오후로 나누면 여러 교회가 함께할 수 있을 것이고 아름다운 협력 사역도 될 수 있을 것이라고 한다. 결국 교회가 하지 않으면 이단들이나 거짓 종교들이 젊은이들을 미혹된 길로 인도할 것이고 학생들은 무신론자가 대부분인 교수들에 의하여 무신론적 교육을 받고 대학을 졸업하고 사회인이 되고 나면 진리를 접할 기회를 갖거나 진리에 마음을 열기에 너무 어려워질 것은 불을 보듯 뻔한 사실이라는 것이다.

■ 대학 캠퍼스 사역은 꾸준히 하여야 할 전도 사역이다

박 선교사의 의견을 계속 들어 보자. 그의 우려는 교회의 사역자들이나 성도님들이 대학 캠퍼스 사역을 생각할 때 '우리 교회에는 전도를 훈련받은 성도들도 없고 젊은 분들은 다 주중에는 일하고 기껏 시간이 되는 분들은 은퇴하신 권사님들이나 나이 드신 집사님뿐인데 우리가 어떻게 이런 일을 하겠어.' 하고 '이것은 우리 사역이 아니야.' 하고 지레 포기한다는 것이다. 브리지한인교회에서 지금 이 사역에 동참하는 분들은 대부분 은퇴하신 분들이다. 간혹 젊은 분들도 참여하지만 많은 시간을 내지는 못하고 있다. 그런데 놀라운 사실은 은퇴하신 분들이 결신의 열매를 많이 맺고 있다는 것이다. 이들 가운데는 나는 기도는 하여도 영어는 한마디도 못 한다고 주저하신 분도 있다고 한다. 그런데 이분들이 참여하여 영혼들이 주님께 돌아오는 것을 보고 그 자신들이 놀라며 눈물을 흘리며 감동하고 있다고 한다.

먼저, 이 사역을 너무 거창하게 생각할 필요가 없다는 것이다. 대학 캠퍼스에 나가서 아무것도 하지 않고 교회 현수막을 걸어 놓은 테이블 앞에 앉아 있기만 하여도 학생들이 다가온다. 그러면 성경을 권하고 준비한 볼펜도 주고 노트도 주면서 이메일 시리즈 안내문을 주고 읽어 보라고 하면서 이메일 주소를 기록부에 적으라고 하면 된다. 이러한 테이블 설치만으로 이미 교회와 기독교 홍보는 되고 있는 것이고, 한 걸음 앞으로 나아가 지나가는 학생들이나 교직원들에게 전도지를 배포하면 더욱 좋은 일이고, 나가다 보면 잔디에 앉아 있거나 쉬는 학생들이 보일 텐데 그냥 다가가서 전도지를 함께 읽거나 사영리를 읽어 주면 성령께서 열매를 맺게 하신다는 것이다.

또 이 사역 중 한 가지 발견한 사실은 어린 대학생들이 어머니와 아버지 같은 권사님들이나 집사님들이 말을 건네고 전도하면 이를 무시하지 않고 어른들의 말씀을 귀를 기울여 듣는다는 것이다. 그래서 더욱 결신의 열매가 많이 맺히고 있지 않나 생각되는 것이다. 복음을 전한 뒤에 결신 여부와 관계없이 이메일 시리즈 내용을 간단히 안내하고 그들의 이메일 주소를 얻어서 이메일 편지 시리즈로 복음을 다시 제시하는 것이다. 이러한 교회 활동 내용을 교회에 주일날 보고하고 기도를 부탁하면 성도님들이 기도하여 주고 더 필요한 것이 없는지 물어보고 심지어 헌금도 해 주시는 것을 보게 된다는 것이다. 이 사역에 참여하는 이들은 노년에 뭔가 주님을 위하여 할 일이 없어 무료하던 차에 이 사역을 하면서 삶의 보람을 느끼고 교회는 교회대로 활기차게 되는 것을 경험한다는 것이다. 이 사역의 중대성을 인지한다면 이 사역을 위하여 교회가 늘 기도하고 방학이나 학교의 휴교 기간을 제외하고는 참가 인원에 상관없이 쉼 없이 사역하여야 한다. 그리고 사역자도 한 명은 꼭 함께 나가서 해당 대학 캠퍼스에 교회가 늘 와서 사역함을 학생이나 교직원들에게 각인시켜 주어야 할 필요가 있다고 말한다.

- 브리지한인교회 홈페이지: http://thebridgecrc.org/
- 이메일: thebridgechurchcrc@naver.com

나. 페이스북, 인스타그램으로 선교하는 방법

특정 지역의 특정 대상에게 광고를 하는 것과 같이, 페이스북이나 인스타그램으로 특정 지역에 선교를 할 수 있다. 그러기 위해서는 먼저 비즈니스 계정을 만들어야 한다. 페이스북 비즈니스 계정을 어떻게 만드는지 알아보자.

❶ 페이스북 비즈니스 계정 만들기

대부분의 사람은 페이스북 계정을 가지고 있다. 없다면 먼저 페이스북 계정을 만들어야 한다. 페이스북 계정을 만들었다면 페이스북 아이디로 로그인한 후 business.facebook.com 사이트로 가자.

그리고 계정 만들기를 클릭, 그러면 '비즈니스 관리자에서 비즈니스 계정 만들기' 팝업 창이 뜬다. 팝업 창에 비즈니스 이름, 본인 이름, 회사 이메일 주소를 입력한 후 클릭, 그러면 입력한 이메일 주소로 확인 메일 링크가 온다. 이 링크를 클릭하면 '비즈니스 설정' 화면으로 이동하며 계정이 생성되었다는 팝업 창이 뜬다.

❷ 비즈니스 홈페이지(랜딩 페이지) 만들기

'비즈니스 설정' 화면의 '계정' 메뉴에서 '페이지' 메뉴를 클릭한 후 '추가' 버튼을 누른다. '새 페이지 만들기' 클릭, '비영리 또는 커뮤니티' 카테고리 선택, 그리고 페이지 이름을 입력하고 클릭하면 페이지가 생성된다. 우측 상단의 '페이지 보기'를 클릭하여 페이지를 꾸미면 비즈니스 홈페이지가 완성된다.

❸ 광고 계정 만들기

'비즈니스 설정' 화면의 '광고 계정'을 클릭한 후 '추가' 버튼을 누르고 '새 광고 계정 만들기' 선택, '광고 계정 이름', '시간대', '통화' 선택 후 '다음' 버튼 클릭, '이 광고 계정 사용 대상' 선택한 후 '만들기' 버튼을 클릭하면 계정이 만들어지고 '사람 추가 및 권한 설정' 창이 뜨면 선택하여 '할당' 버튼을 누르면 계정이 생성된다. 그 후 '결제 정보 추가' 버튼을 누르고 결제 수단으로 신용 카드, 페이팔, 또는 온라인 뱅킹 중 하나를 선택하면 된다.

❹ 광고 만들기

광고 계정을 만들었다면 이제 복음 편지나 복음 동영상을 타깃 대상으로 보내야 한다. 복음 편지를 타깃 대상들에게 도달시키기 위해서는 복음 편지를 예쁘게 컬러로 만든 후 이미지 파일로 저장하여야 한다. 그런 후, '광고 관리자'로 들어가서 '캠페인'의 녹색 '만들기' 버튼을 누르고 캠페인 목표를 선택한다. 여섯 개의 목표 중 '인지도'를 선택하고 '계속하기' 버튼을 누른다. 그러면 '캠페인 이름'과 '캠페인 상세 정보' 등이 있는 페이지가 나타나고 '다음' 버튼을 누르면 '예산 및 일정'과 '타깃 관리' 등이 있는 페이지가 나타난다. 여기서 '일일 예산', '시작 날짜', '종료 날짜', '타깃 위치', '최소 연령', '언어' 등을 선택할 수 있다.

참고로 일일 예산이 만원이면 1만 5천 명 정도에 도달하고 10만 원이면 10만 명 정도에 도달한다. 무슬림 페이스북 사용자들에게 복음 편지를 보내려면 사우디아라비아나 이란 같은 나라를 선택하고, 언어 선택은 비워 둔다. 하지만 복음 편지는 보내고자 하는 나라의 언어로 작성하여 준비하여야 한다. 그런 후 '다음' 버튼을 눌러 입력된 데이터를 확인하고 '미디어'에 있는 '미디어 추가' 버튼을 누르고 준비된 복음 편지 이미지 파일을 업로드한 다음 '등록하고 게시' 버튼을 누르면 복음 편지가 노출되기 시작한다.

복음 동영상을 보내기 위해서는 캠페인 목표를 '동영상 조회'로 선택하고 위와 같은 과정을 거친 후 '동영상 추가' 버튼을 누르고 업로드하면 된다. 광고의 성과를 보기 위해 '광고 관리자'로 들어가면 '도달 수'가 나오고 '분석 데이터' 버튼을 누르면 연령별, 시간별, 행동별 통계가 나온다. 이런 통계를 바탕으로 노출 요일이나 날짜를 조정하고 노출 연령대도 조정하면 된다. 페이스북 비즈니스 계정으로 복음 편지를 보내는 방법이 조금 복잡하게 보일 수 있지만 실제로 따라 해 보면 그렇게 어렵지 않으니까 시도해 보기 바란다.

다. 유튜브를 이용한 전도

요즘 청소년들은 티브이보다는 유튜브를 많이 본다. 이런 연유로 유튜브를 전도의 도구로 사용하면 좋겠지만 그렇게 쉽지만은 않다. 왜냐하면 중·고등학생만 되어도 유튜브에서 전도 영상을 찾지 않는다. 따라서 유튜브 전도가 영향력을 미칠 수 있는 연령대는 유치부나 초등학교 저학년들이다. 왜냐하면, 이 연령대의 아이들은 자율적으로 유튜브를 선택해서 보기보다는 엄마가 채널을 선택하여 틀어 주면 말없이 잘 보는 경향이 있기 때문이다. 따라서 유튜브 전도에서는 엄마의 역할이 절대적이다. 엄마들이 가끔 또래 엄마들과 함께 어울리기 위해, 아니면 아이들을 같이 놀게 하려고 모이는 경우가 있다. 엄마들을 만나기 조금 전에 미리 자기 아이들에게 유튜브 전도 영상을 틀어 놓고 보여 주면 다른 엄마들과 같이 온 아이들도 간식을 먹으면서 자연스럽게 같이 시청하게 될 것이다.

이렇게 전도 대상층이 정해졌으면 그 연령대의 아이들에게 어떤 전도 영상을 보여 주면 좋을까? 아마 예수님의 일생과 예수님이 행하신 기적들, 그리고 성경 속의 인물들을 보여 주면 좋지 않을까 한다. 예수님의 일생도 여러 시리즈로 만들 수 있으며, 사복음서에 나타난 예수님의 37가지 기적을 시리즈로 만들 경우 37편의 시리즈가 될 것이다. 여기에 더하여 성경에 나오는 여러 인물(모세, 아브라함, 요셉, 사무엘, 다윗, 다니엘 등등)의 이야기도 다루면 내용이 한결 풍성할 것이다. 그렇다면 어떤 형식으로 이런 내용을 전달하는 것이 좋을까? 대부분의 아이가 만화 영화를 좋아하기 때문에 만화 영화로 제작하여 보여 주면 최적일 것으로 생각된다. 각 만화 영화 말미에 예수님을 믿고 교회로 나오도록 초대하는 간단한 코멘트도 삽입할 수 있을 것이고.

한국의 대표적인 복음 방송사는 CBS 기독교방송과 CTS 기독교TV이다. 하지만 이 두 방송사의 프로그램에는 유치부와 어린이들을 위한 방송 프로그램이 거의 없다. 그런데 다행인 것은 2021년부터 CBS에서 성경 내용을 'CBS 성경동화' 시리즈로 만들어 유튜브에 올리고 있다는 사실이다. 전체 시리즈는 100부작인데 2023년 봄에 100번째 시리즈가 완성되어 방영하였다. 한 시리즈당 2만 명 정도가 시청하였는데 다른 인기 있는 동영상에 비해 조회 수가 조금 적은 것이 흠이다. 이 시리즈를 방영하는 채널명은 CBS에서 별도로 만든 '알렙바이블'인데 구독자 수는 단지 4만 3천 명 정도이다. 이것을 구독자가 53만 명인 CBS 기독교방송 본 채널 CBSJOY에서 방영하였으면 좀 더 많은 조회 수를 기록할 수 있었을 것이다.

'CBS 성경동화'는 유아부나 유치부에 적절한 그림체로 보인다. 그런데 은하수미디어가 발행한 구약과 신약 두 편의 '만화 성경'은 나오는 캐릭터들이 'CBS 성경동화'보다 좀 더 역동적이고 내용도 풍부하다. 이 '만화 성경'을 유튜브 버전으로 제작하여 방영한다면 초등학생들에게 많은 전도의 효과를 볼 수 있을 것으로 생각된다. 영어 자막을 넣거나 영어 버전도 만든다면 한국뿐만 아니라 전 세계의 어린이에게 복음의 영향력을 미칠 수 있을 것으로 생각된다.

유트브에 '지니스쿨 역사'라는 채널이 있다. 역사 이야기를 만화로 보여 주는 채널인데 구독자 수가 2023년 10월 기준 약 14만 명이지만 이 채널에서 방영한 '예수, 부활하다' 1편은 2023년 10월 기준 조회 수가 약 50만이고, 2편은 약 150만의 조회 수를 기록하고 있다. 또 키바스(Kids Bible Animation Story)라는 채널이 있는데 말 그대로 미디어 세대인 아이들을 위해 성경을 애니메이션으로 보여 주는 채널이다. 2023년 10월 기준 구독자 수는 3만 2천 명 정도이지만 애니메이션으로 제작된 '다시 살아나신 예수님'은 조회 수가 영어 버전은 790만 회, 한글 버전은 120만 회가 넘었다. 전문가들이 제작하여서 그런지 내용, 음악, 애니메이션이 고품질인 동영상들이다. 키바스의 콘텐츠들은 디디인사이트라는 단체에서 제작하였고 영화와 광고계 인력들이 모여 영상 콘텐츠로 복음의 메시지를 열방으로 전하기 위해 설립된 단체다. 구독자 수는 현재 올린 영상 개수 39개에 비해 아주 우수한 것 같다. 영상이 몇 달에 한 번 정도 업로드되는 것 같은데 함께 동역할 애니메이션 인력들이 많다면 좀 더 자주 영상이 업로드될 것으로 생각된다. 영상만 자주 업로드된다면 성장 가능성이 큰 채널이다. 참고로 연락처는 010-5250-7765이다.

유아나 어린이들이 가장 많이 보는 채널은 장난감 채널(BIBO와 장난감 2023년 10월 기준 구독자 수 1290만, 토이퐁 TV 1130만)이나 인기 동요, 동화 채널(핑크퐁 1100만)이다. 이런 초대형 채널에서 성경 콘텐츠를 방영해 준다면 그 파급 효과는 엄청날 것이다. 물론 회사 입장에서는 절대 그렇게 하지 않을 것이지만. 그러나 일 년에 두 번은 자연스럽게 복음 내용을 전달할 기회가 있을 것이다. 성탄절과 부활절이다. 성탄절마다 핑크퐁이나 아기상어가 나와 캐럴을 부르거나 동방박사 스토리를 방영하면 어떨까? 부활절에는 주님의 부활에 대한 스토리를 방영할 수도 있을 것이다.

이제 좀 더 현실적인 대안을 생각해 보자. 앞서 언급한 키바스 영상들의 퀄리티는 핑크퐁 영상들에 비해서 그렇게 떨어지지 않는다. 도입부에 경쾌한 음악으로 출발하고 뒤따르는 대화나 백그라운드 음악도 아주 좋은 것 같다. 이 채널에 애니메이션 제작 인력이나 그래픽 디자이너들이 좀 더 많이 참여하여 힘을 모아 성장시키면 어떤가 싶다. 다양한 영상이 제작된다면 믿는 엄마들이 이 채널을 전도의 도구로 사용하여 아이들에게 복음을 전할 수 있을 것이다. 동일교회의 어린이 전도 방법처럼 엄마들이 이웃집 엄마들에게 아이들을 무료로 돌봐 준다고 하고 맡겨진 아이들을 돌보면서 이 동영상을 틀어 주고 복음을 전할 수도 있을 것이고.

초등학교 고학년부터 10대 청소년으로 올라가면 유튜브 구독의 장르가 다양해진다. 연령층에 따라 다르지만 가장 인기 있는 채널들은 게임 소개 및 설명, 웹 예능, 일상 브이로그, 음악/댄스/가수, 이슈 텔러, 허팝 TV, 먹방, 웹 드라마, 웹툰 등이다. 이렇게 채널들이 다양하기 때문에 어떻게 10대들에게 유튜브를 통하여 복음을 전달해야 할지는 미지수다. 좋은 아이디어를 가진 사람들이 분명히 존재하겠지만 관심사가 몇 가지에 집중된 유치부 아이들에 비해 들어가야 할 노력이 채널의 다양성만큼은 되어야 한다. 따라서 같은 노력이면 유치부와 초등학교 저학년을 대상으로 복음을 전달하는 것이 효용성 측면에 훨씬 유용할 것이다.

청장년들의 유튜브를 통한 복음 전도는 10대 청소년들에 비해 그래도 쉬울 것으로 생각된다. 기독교 방송에서 인기 있는 프로그램을 꼽으라면 CBS 복음방송의 〈새롭게 하소서(주 3회 방영)〉와 CTS 기독교TV의 〈내가 매일 기쁘게(주 1회 방영)〉이다. 이 방송들은 방영 후 바로 유튜브 채널에 올라온다. 2023년 10월 기준 CBS 〈새롭게 하소서〉 구독자 수는 73만 명이고 CTS 〈내가 매일 기쁘게〉 구독자 수는 17만 5천 명이다. 〈새롭게 하소서〉의 출연자는 일주일에 2명, 〈내가 매일 기쁘게〉는 1명이다. 따라서 일 년이면 약 150명의 사람이 출연하여 다양한 간증을 한다. 지금껏 방영된 프로그램을 보면 간증하는 사람의 형편과 비슷한 처지에 처한 사람들이 분명히 주위에 있을 것이다. 그들에게 카톡이나 이메일로 이 프로그램의 링크를 걸어 보내 준다면 그것도 유튜브를 통한 복음 전파의 한 방법이지 않나 생각한다. 유튜브의 〈새롭게 하소서〉 방영 리스트는 www.youtube.com/@cbsrenew/videos(2천여 개), 〈내가 매일 기쁘게〉는 www.youtube.com/@ctseveryday/videos(약 670개)에 나와 있다. 간증 채널이 이렇게 인기가 있다면 청소년들에게 인기 있는 아이돌들의 간증을 제작하여 유튜브에 올리는 건 어떨까 한다.

마지막으로 유튜브에 어떻게 동영상을 올리는지 알아보자. 파워포인트로 작성된 문서는 이미 윈도우에서 최종 버전이 만들어졌기 때문에 동영상 파일로 저장하여 올리기만 하면 된다. 하지만 동영상일 경우 편집이 필요할 것이다. 초보 유튜버들은 필모라(Filmora)나 파워디렉터 편집 프로그램을 쓰면 되고 전문가들은 Adobe Premiere Pro를 쓰면 된다. 다른 편집 프로그램도 많이 존재하며 그 사용법들도 유튜브에 많이 올라와 있다. 그리고 조회 수를 올리기 위해 튜브버디(Tubebuddy)를 사용하면 좋다.

동영상이 준비되었으면 유튜브 계정에 들어가 로그인한 후 우측 상단의 비디오 아이콘을 눌러 동영상을 업로드하면 된다. 동영상을 올릴 때 다음 정보를 입력하면 된다.

▶ 동영상 핵심 내용을 잘 설명할 수 있는 20~30자 내외의 제목

▶ 동영상 설명문 작성, 첫 3줄 안에 가장 중요한 주제어나 연관 영상 링크를 걸어 두기

▶ 동영상 관련 검색어 또는 주제와 관련된 태그어 삽입

▶ 동영상 핵심 내용을 나타낼 수 있는 섬네일 이미지 작성

▶ 주제와 장르가 유사한 영상을 모아서 보여 주는 재생 목록 만들기

▶ 연관 동영상, 재생 목록을 영상 종료 20초 전에 보여 주기

참고로 중국에서는 유튜브가 차단되어 접속이 안 된다. 중국 쪽으로 동영상 선교를 하려면 틱톡을 사용해야 한다. 유튜브와 달리 틱톡의 동영상 제한 시간은 15초부터 10분 사이이다. 그리고 인스타 릴스에도 올릴 수 있다.

이 외에도 메타버스에서 선교를 할 수가 있고 비디오 채팅 프로그램(예: OmeTV.com)으로도 선교를 할 수가 있다. 요즘 세계의 많은 청소년이 OmeTV를 통해 한국어로 연결을 시도하는데 그들에게 한국어를 가르치면서 어느 정도 안면이 트면 복음을 전하는 것도 선교의 한 방법이라고 생각한다. 한국의 경우 카톡을 이용해 지인들에게 문자나 또는 동영상으로 복음을 전달 할 수도 있고, 중국에 친구들이 있을 경우 WeChat, 인도 친구들에게는 WhatsApp, 그리고 일본이나 동남아시아 친구들에게는 LINE을 이용하여 복음을 전할수도 있다.

7장

자립 선교 직업교육기관

7장 자립 선교 직업교육기관

낙후된 지역의 선교지에서 자립 선교, 선교 지역 가난 해결, 선교의 접촉점 만들기를 위해 농축산 기술이 큰 역할을 할 수가 있다. 농촌과 목회에 발표된 한경호 목사의 의견을 들어 보자. "농경 사회에 파송되는 선교사들이 농업에 대해 무지하다. 선교 준비에서 농업은 별 고려의 대상이 아니다. 복음 전파는 말로만 되는 것이 아니라 삶 속에서 이루어지는 것이다. 그들의 삶의 토대가 농업이기 때문에 농업은 복음 전파의 중요한 접촉점이다." 이렇듯, 선교지에서 잘 활용될 수 있는 농업 기술이나 다른 자립 기술을 배워서 선교지로 간다면 자립 선교뿐만 아니라 복음의 접촉점까지도 자연스럽게 만들 수 있다. 이런 교육을 하는 기관이나 단체를 알아보자.

가. 보나콤 양계학교

농촌 선교지에서의 양계는 아주 이상적인 선교의 접촉점이 될 수 있다. 그곳 아이들에게 계란을 보급하거나 병아리를 분양한 후 교회로 불러 양계 기술을 가르친다면 자연적으로 복음을 전할 기회가 마련될 것이다. 어린이 선교 사역이 잘 진행된다면 그 어린이들을 통해 그들 부모, 그리고 그 부모들을 통해 지역 주민들을 전도할 수 있는 이상적인 선교 환경이 조성될 것이다. 보나콤은 충북 보은의 산골에 있는 선교 공동체이며 동남아, 중앙아시아, 아프리카, 아메리카 등 세계 여러 지역에서 양계를 통해 선교 사역을 지원하고 있다.

보나콤은 일 년에 2번 보나 양계학교를 여는데 다음과 같은 내용을 교육하고 있다.

▶ 선교와 양계 이야기(강동진 목사)

▶ 보나 자연 양계법(이론 강의)

▶ 한방 영양제 만들기(이론 및 실습)

▶ 자가 사료 및 미생물 사료 만들기(이론 및 실습)

▶ 양계장 체험(현장 실습)

▶ 홰 또는 산란 상자 만들기(현장 실습)

교육 기간은 2박 3일이며 교육 시간은 아침 10시부터 오후 4시까지다. 교육비는 35만 원이고 숙식 및 교재와 실습 물품은 제공한다. 신청 문의는 gmsungsh@gmail.com으로 하면 된다.

가끔 병아리 입추 시기가 되면 병아리 키우는 실습생을 2명 정도 받는다. 실습 기간은 1~2달 정도이며 실습 비용은 없지만 숙식은 본인이 해결해야 한다. 참고로 근처 마을 펜션의 경우 한 달 숙박 비용이 55만 원 정도다. 관심 있을 경우 위의 연락처로 문의하면 된다.

나. 농촌진흥청 영농 교육

농촌진흥청 산하기관들에서도 다양한 영농 기술을 제공한다. 진흥청 산하기관(참고: www.rda.go.kr/localOrgAllView.do)들은 각 도에 농업기술원이 있고 각 시나 군에 농업기술센터가 있다.

산하기관마다 다양한 종류의 영농 교육과 각 시도에 특화된 농작물(예: 경북의 경우 성주 참외, 청도 복숭아, 풍기 인삼, 영양 고추, 상주 감 등등)에 대한 세미나나 기술 교육을 한다. 영농 교육 내용은 예를 들어 경남 농업기술원에서는 기초 영농 기술, 친환경 농업, 유기 농업, 전자 상거래, 지역 특화 작물(양파, 마늘, 단감, 도라지, 버섯), 각종 과일과 채소 재배 기술,

스마트팜 영농 기술, 농업 기계 안전, 농업 기계 기종별 교육(드론, 굴착기, 트랙터, 지게차 등등), 농업 기계 정비 기술 등을 교육하고 도내 창원 농업 기술센터에서도 비슷하게 기초 영농 기술, 농업 기계 안전, 농업 기계 기술, 농업 기계 정비, 굴삭기 안전 실습, 농업 정보화 기술 등을 제공하고 있다. 대개는 같은 도에 거주하는 사람들을 대상으로 교육하므로 거주지와 가장 가까운 곳을 선택하여 교육 신청을 하면 된다.

빌딩 숲이 많은 서울에서도 서울 시민을 대상으로 기초 영농 기술 교육과 농업 기계 안전 교육 등을 하고 있다. 기초 영농 기술의 경우 종합반 및 실습반으로 나누어 모집을 하며 정원은 종합반이 30명, 실습반은 20명이다. 종합반의 경우 처음 5일 동안 연속으로 교육하고 그 이후에는 일주일에 한 번씩 교육한다. 교육일은 12일이며 이수 시간은 60시간이다. 실습반은 매주 금요일, 2달 반 정도 교육을 실시한다. 교육일은 11일, 이수 시간은 50시간이다.

신청 방법은 서울시청 홈페이지 회원 가입을 한 후 시청 회원 아이디와 비밀번호로 농업기술센터 예약하기(yeyak.seoul.go.kr/web/reservation/selectReservView.do?rsv_svc_id=S230220220401023529&reSvc=Y)에 먼저 등록하여야 한다. 그 후 제출 서류를 방문 또는 이메일 agricshpark@seoul.go.kr로 제출하면 된다. 자세한 사항은 서울특별시 농업기술센터 홈페이지 agro.seoul.go.kr/을 참조하면 된다. 농업 기계 안전 교육은 이틀에 걸쳐 총 8시간을 하며 모집은 선착순으로 18명까지만 받는다. 교육 장소는 경기도 고양시 덕양구이며 신청은 서울특별시 공공 서비스 예약 사이트(yeyak.seoul.go.kr/web/main.do)에서 하면 된다.

농촌 지역 선교지로 나갈 경우 영농 기술뿐만 아니라, 농기계 기술, 농기계 정비 기술, 방제 드론 기술, 온라인 판매 기술 등을 장착하고 나간다면 선교지 주민들과 아주 훌륭한 선교 접촉점이 될 것이다.

다. 북가주 자연농업협회

　　미주 지역의 북가주 자연농업협회에서는 부정기적으로 자연 농법 세미나를 개최한다. 올해는(2023년) 5월 16~18일 3일 동안 텍사스 린데일에서 East Texas와 Dallas 지역 거주 한인들 및 선교 사역자들을 대상으로 자연 농업 세미나를 개최했다. 강사는 맘선교회 동역선교사로서 수년간 30여 개 나라 선교지를 순방하며 자연 농법을 가르친 이주익(Certified CGNG 강사) 선교사가 강의를 하였다. 세미나는 4시간이고 일반 기초 교육 과정은 6시간이다. 이 과정을 마치면 실습 교육 4시간, 이 교육을 마치면 고급 교육 4시간을 한다. 채소, 과수, 가축 키우기, 토착 미생물, 각종 천연 영양제 및 자연 농·가축 우리에 대한 컨설팅도 해 준다. 2024년에는 산호세 지역에서 세미나가 예정되어 있다. 자세한 사항은 이주익 선교사에게 문의하면 된다.

　　이메일: jrhee2008@gmail.com

라. 조지아 가나안농업학교(CIAGA)

　　조지아 한인농장협회에서 주관하는 농업 학교다. 봄 또는 가을, 주일에 한 번 8주 동안 영농 이론과 실습을 한다. 신입반, 중급반으로 나누어져 있으며 교육 과목은 농업, 조경, 양봉, 약초, 친환경 농업 기술 등이다. 강의 장소는 한인들이 많이 사는 조지아 Duluth의 한인농장협회 사무실이고 실습은 Auburn이나 Gainesville의 산동네 과일나무, 버섯 농장, 미국 농장, UGA 농대 등에서 한다.

　　수강료는 한인농장협회 회원일 경우 개인 $50, 부부 $80, 비회원인 개인 $200, 부부 $350이다. 회원 가입은 www.gakafa.org에서 할 수 있으며 입학 상담은 문자(678-618-1158)로 한다. 웹 사이트(www.ciaga.org)를 통해 On-line으로 등록과 입금이 가능하다.

마. 뉴저지 실버선교회 농축 선교

실버선교회 농축 선교부는 실버들의 건강도 챙기면서 선교 지원도 할 수 있는 프로그램을 개발하고 있다. 현재는 뉴저지 크림리지에 있는 크리스천 아카데미의 과수목을 관리하고 있으나, 앞으로는 실버선교회 전용 농축 선교지를 개발하여 실버들만을 위한 과수 재배, 양계, 묘목 재배 등 다양한 교육을 실시하고자 한다. 이 훈련을 통하여 수익금이 생기면 선교지 지원, 장학 사업 지원 등을 하고, 우리 주변의 불신자들을 사역에 참여시켜 자연스럽게 복음을 전하고자 하는 계획을 세우고 있다. 관심이 있다면 silvermissionnj@gmail.com으로 연락하기 바란다.

바. 안경 사역

선교지에서의 안경 사역은 아주 훌륭한 선교의 접촉점이 된다. 이를 위해 선교사들에게 안경 사역을 해 주는 단체가 있다. MOM(Messengers of Mercy)선교회의 안기주 전도사다. 2023년 9월까지 98차에 걸쳐 사역을 진행해 올 정도로 미주에서는 인기가 많은 편이다. 단기 선교에서 의료 기술(치과, 한방, 침술 등), 이 · 미용 기술, 집 짓기 기술 등은 오랜 기간의 숙련을 요하지만 안경 사역은 하루에 교육을 마칠 수 있는 이점이 있다. 안경 사역의 강좌 내용은 다음과 같다.

▶ 선교지에서의 안경 사역 개요

▶ 근시, 원시, 난시, 노안 검안

▶ 안경 처방법, 안경 조립법

▶ 질병·약시 예방(위생, 영양, 자외선, 사고 예방)

▶ 눈에 대한 기본 이해와 기본 안과 질환 소개 및 예방법

▶ 안경 없이 눈이 교정되는 방법

▶ 도수 있는 안경들을 시력에 맞추어 나누어 주는 법 훈련

▶ 선교지에서의 안경 정리 및 정확하고 빠르게 고르는 법 훈련

▶ 선교지에서 부딪치게 될 상황들에 대한 대처 방안

안경 사역의 또 다른 장점은 MOM선교회의 안경 사역 Certificate를 통해 갈수록 어려워지는 비자 문제를 해결할 수 있고 또 그와 연관된 BAM 사역을 해 나갈 수 있다는 데 있다. 안경 사역 훈련 연락처는 다음과 같다.

- 연락처: 818-522-3343
- 이메일: kijoo.ahn@gmail.com

8장

선교사 후원 기관 및
훈련 단체

8장 선교사 후원 기관 및 훈련 단체

선교지에서 사역을 할 경우 재정적 지원이 요구될 때가 종종 있을 것이다. 고맙게도 선교사들의 재정적 자립과 사역 유지를 위해 선교 후원을 해 주는 기관들이 있다. 선교의 든든한 조력자가 될 수 있는 몇몇 기관에 대해 알아보고, 또한 예비 선교사들을 훈련시키는 훈련 단체들에 대해서도 알아보자.

가. 후원 기관

❶ CTS인터내셔널

선교사를 위한 국내 유일 순수 선교 NGO인 CTS인터내셔널은 다음과 같은 열방 선교 사업을 실시하고 있다.

▪ 미자립 선교사 지원 사업

열방에서 복음을 전하는 선교사들은 선교 헌금과 후원금으로 선교지에서 사역을 이어 간다. 따라서 후원금이 중단되면, 경제적인 어려움으로 중도에 사역을 포기할 수밖에 없다. CTS인터내셔널은 모든 선교사가 사역에 집중할 수 있도록 정기적으로 사역비를 지원하고, 지속적인 사역 유지와 재정적 자립을 위해 지원 사업을 실시하고 있다. 사업 절차는 사업 공지→서류 접수→1차 서류 심사→2차 심층 심사→지원 대상 공고이다.

▪ 4대 영역 지원 사업

CTS인터내셔널은 우물, 교회 건축, 교육, 문화 · 스포츠까지 4대 영역 지원을 하고 있다.

우물
식수 시설이 갖추어지지 않은 선교지에 우물을 세워 깨끗한 물을 제공하고, 지역 주민들에게 복음을 전하는 사업

교회 건축
예배를 향한 소망을 지키고, 찬양과 기도의 기쁨이 넘쳐 날 수 있도록 선교지 교회 건축 사업

교육
학교에 가는 대신 생계를 책임져야 하는 아동들을 위해 꿈이 되어 줄 학교를 세워 교육의 기회를 제공하고, 말씀으로 양육하여 지역사회를 변화시키는 리더로 성장하게 하는 사업

문화·스포츠
문화 · 스포츠라는 매개체를 통해 지역 주민들과의 유대 관계를 형성하고, 그들에게 복음을 전하여 선교지의 지역 복음화에 기여하는 사업

사업 절차는 현지에서 사역 중인 선교사를 통해 사업 수요를 조사하고 사업 효과성 검토가 끝나면 사업을 지원하고 사업 결과 확인 및 지속적인 모니터링을 한다. 2023년 기준 우물 지원 393건, 건축 지원 58건, 교육 지원 14개국 524명 아동 지원, 스포츠로는 CTSI컵 축구대회 개최의 성과가 있다.

이 외에도 해외 파트너 선교 지원 사업과 탄자니아에 CTS인터내셔널 지부를 설립하여 아프리카 선교와 지역 선교를 지원하고 있다.

❷ MOM(Messengers of Mercy)선교회

미국 텍사스에 위치한 MOM선교회는 아주 다양한 선교 사역을 한다. 가르치며 사역, 전파하며 사역, 고쳐 주며 사역, 자립 선교-자원 개발, 단기 선교 준비 사역 등이다. 그 구체적인 내용은 다음과 같다.

가르치며 사역

성서적 가정 사역, MOM/E3empower 리더십, 탄자니아 사역, 학교 사역, 선교지 성경 학교 사역, Peace Maker Ministry, 선교지 도서 선적 및 도서관 설립, 품성 교육 사역, 지역사회 개발 사역, 이스라엘 선교, 전도·선교 용품 소개, 7대 선교 전략, 태초의 먹거리 사역

전파하며 사역

어린이 선교, 이야기식 전도 방법, 단기 선교(준비, 훈련, 후속), 창조 과학 선교·영상 자료 선교, 미국 내 소수 민족 선교, 미용 기술 선교, Native American Ministry, 문서·영상 자료 선교, Golf Teaching Ministry, Sports Mission Ministry

고쳐 주며 사역

의료 선교 사역, 치과 사역, 선교지 안경 사역, 예수 치유 사역, 중보 기도·치유 사역

자립 선교-자원 개발

성경적 사업 선교, Eye Aid Clinic, 선교 용품 수집 사역, 자연 농업·양돈·양계·과수·양어 사역, Missionary Care, 사진 선교 사역, 선교지에 컨테이너를 보내는 사역, 일반 도서 수집 사역, 사랑의 창고 사역

단기 선교 준비 사역

Mission Trip Log, preparing, mission online form, 준비 훈련, 6정거장 모델

위에 열거된 사역들 중 선교지에 필요한 사역이 있으면 MOM 웹 사이트 www.mommercy.org/MOM_works를 참고하기 바란다. 자세한 사항과 연락처가 나와 있다.

❸ 글로벌어린이재단(GCF, Global Children Foundation)

글로벌어린이재단의 슬로건은 '굶주리는 아이 없는 세상을 위해'이며, 1998년 한국의 금융 위기로 생긴 많은 실업자로 인해서 늘어난 결식아동들을 돕기 위해 시작되었다. GCF는 어머니의 사랑을 통해 경제적, 사회적 위협으로 생긴 세계 각처에 있는 불우한 어린이들의 구제, 복지, 교육 및 선도를 위해 일한다. GCF는 불우한 아이들의 급식과 교육을 위해 오지에서 봉사하는 선교사님들을 선정해서 후원금을 보내고 있다. 후원금 지급 절차는 다음과 같다.

본부 후원

해외 후원지를 추천받고 Committee 멤버들이 리뷰한 후, 후원지를 책정한다.

지부 후원

지부에서도 재단의 미션에 부합하는 Local 재단을 선정하여, 후원할 수 있다. 연락처: 415-285-1246, 이메일: gcfhq@globalchildren.org

❹ 기아대책

기아대책은 기독교 정신을 바탕으로 1989년 설립된 미션 NGO다. 전 세계에서 가난과 굶주림, 재난과 질병으로 어려움을 겪는 이웃을 섬기고 있다. 선교지에서의 급식 후원뿐만 아니라 교회 건축(개보수), 학교 건축 (개보수), 보건 의료, 장학금 지원, 목회자 훈련, 성경책 보급 등의 사역을 한다.

- 연락처: 02-544-9544

나. 훈련 단체

❶ 한국해외선교회

한국해외선교회는 해외에 선교사를 파송하여 복음을 전파하고 교회를 설립함으로써 하나님의 나라를 확장시키는 것을 사역의 목표로 한다. 이러한 목표를 효과적으로 달성하기 위해 교회 개척, 지도자 양성, 성경 번역, 구제 및 사회사업, 자비량 선교, 특수 선교 등의 다양한 사역을 전개한다. 한국해외선교회 산하기관에서 실시하는 몇 가지 훈련을 살펴보자.

■ 한국선교훈련원(GMTC)

GMTC에서는 초임 또는 경력 선교사 훈련을 실시한다. 매년 상반기 또는 하반기에 훈련생을 모집하며 훈련 기간은 18주다. 자세한 사항은 gmtc.co.kr/훈련전형/을 참조하기 바란다.

■ 한국전문인선교훈련원(GPTI)

GPTI는 전문인 선교사의 소명을 가진 선교 헌신자들을 대상으로 전문인 선교 훈련을 실시한다. 봄 또는 가을에 개강을 하며 훈련 기간은 5개월

이고 매주 토요일 오전 10시부터 오후 8시까지 강의한다. 훈련비는 85만 원(부부는 160만 원)이고 지원서는 gptiofc@hanmail.net으로 보내면 된다(수시 접수).

- 연락처: 02-2649-2720(사무실)
- 박민부 원장(010-6799-5767
- parkmb5511@gmail.com)

■ 전문인 협력기구(HOPE) 선교사 훈련

오늘날 지구상에는 7,000여 개의 미전도 종족이 있으며, 전 세계 인구의 30억 명은 복음을 전혀 들어 본 적이 없는 사람들이다. 그들은 복음을 듣기에 가장 어려운 지역에 살고 있고 지리적으로 멀거나 격리되어 있으며 언어적, 문화적 장벽이 있다. 뿐만 아니라 복음 전도와 교회 활동을 금지하고 있으며 선교사 입국을 거부한다. 이런 지역을 '창의적 접근 지역', 혹은 '선교 제한 지역'이라고 부르는데, 주로 공산권과 이슬람권, 유대교가 이에 해당한다. HOPE는 창의적 접근 지역에 복음을 전하기 위해 GMF(한국해외선교회) 내에 설립되었다.

사역 형태로는 지도자 훈련, 교수 사역, 비즈니스 사역, 교회 개척 사역, 지역 개발 사역, 문화 사역, 스포츠 사역, 어린이 사역, 국내 외국인 근로자 및 유학생 사역, 난민 사역, 본부 사역, 의료 사역 등이다. HOPE 선교사가 되려면 다음과 같은 과정을 거쳐야 한다.

상담→선교 훈련(단기 선교사 CAN, 장기 선교사 GMTC, GPTI)→지원서 제출→허입 인터뷰→PFO→후보자 확정→파송.

단기 선교사(1년~3년)가 되기 위해 필요한 CAN 훈련의 자세한 사항은 다음 링크를 참조하면 된다.

- hope.or.kr/work/sending/

- **개척선교학교(GMP PS)**

　개척선교학교는 선교하시는 하나님을 알고 더욱 유용한 타 문화권 사역자로 세워지도록 일 년에 두 번(상반기, 하반기) 훈련 프로그램을 제공한다. 훈련 대상은 선교 헌신자 및 관심자, 지역 교회의 선교 담당자, 선교적 삶으로 훈련되고 선교적 삶을 살아가기를 원하는 신자 등이다. 커리큘럼은 다음과 같다.

상반기 10주(3~5월)

　선교의 성경적 근거, 선교사의 자질, 직장과 선교, 선교와 타 종교의 이해, 제자 훈련, 기독교 세계관, 국내 다문화 사역, 전도의 삶, 교회와 선교, 북한 선교, 십자가의 도, 종교 다원주의

하반기 10주(9~11월)

　선교지에 가기까지, 전문인 선교, 미션이 있는 가정, 코로나19 시대의 선교, 한국 선교 역사, 타 문화 언어의 습득과 이해, 선교사 자녀(MK) 사역에 대한 비전, 선교 전략, 선교사의 소명, 이슬람 바로 알기, 복음과 문화

- 등록 문의: GMP 동원부 02-337-7191

　훈련 수료 후 해외 단기 선교가 있다.

❷ 의료선교교육훈련원

　"예수께서 모든 성과 촌에 두루 다니사 저희 회당에서 가르치시며, 천국 복음을 전파하시며 모든 병과 모든 약한 것을 고치시니라"(마태복음 9:35)

　예수님이 행하신 기적 중 반 이상이 치유의 기적으로 치유 사역은 선교의 중요한 역할을 한다. 이런 예수님의 사역을 본받아 일 년 중 일정 기간 동안, 또는 휴가를 선교지로 가서 의료 선교를 하는 귀한 지체들을 볼 수

있다. 의료 선교는 선교지에 가서 직접적으로 환자들을 치료하거나, 선교지의 병원과 동역으로 사역을 하거나, 선교지 의과 대학에 선진화된 의술을 전해 주거나, 아니면 선교지의 환자를 국내에 불러 치료를 해 주는 등 여러 가지 방법으로 의료 사역에 동참할 수가 있다. 이런 의료 선교는 육신을 치유하는 것뿐만 아니라 영혼까지도 함께 치유할 수 있는 강력한 선교의 도구이기 때문에 매우 중요하다.

의료 선교에 관심이 있는 의료인들은 한국기독교의료선교협회 부속 의료선교교육훈련원에서 의료 선교사 양성 교육을 받을 수 있다. 서울, 부산, 대전, 경북, 대구, 경기, 인천, 전주 8개 지역에서 1년 2학기 훈련 과정으로 평신도 전문인 의료 선교사로 양성시킨다. 훈련 내용은 1학기에 선교 신학을 중점적으로 교육하며, 2학기에는 선교의 실제, 공동체 훈련, 언어 훈련, 단기 선교 등을 가르친다. 의료 선교사 훈련에 대해 자세한 사항을 알고 싶은 사람은 한국기독교의료선교협회 웹 페이지 http://mmht.co.kr/의 의료선교교육훈련원 링크를 클릭하기 바란다. 또한, 이 협회에서는 2년마다 의료선교대회를 개최하고 있는데 2023년에는 전주 온누리교회에서 제18차 의료선교대회가 열렸다. 대회에서 의료 선교 사례를 발표하기도 하는데 자세한 사항은 다음 링크를 참조하기 바란다. mmht.co.kr/대회일정/

❸ 시니어선교한국

시니어선교한국은 시니어들을 선교 전문 인력으로 동원, 육성하고 선교 사역의 활로를 개척, 지원하는 한국의 대표적인 단체이다. 이 단체에서 제공하는 교육은 다음과 같다.

■ 시니어선교학교

시니어선교학교는 인생 후반전을 시니어 선교사로 헌신하고자 하는 시니어나, 교회에서 국내외 선교 부서를 섬기는 시니어들을 대상으로 하는 선교 교육이다. 선교에 대한 이해를 높이고 선교 현장을 체험하게 함으로써 해외 선교, 국내 이주민 선교, 단기 재능 기부, 보내는 선교 등 다양한 섬김으로 주님의 지상 명령인 선교에 동참하도록 하는 교육이다.

각 지역 시니어선교학교 개설은 다음과 같다.

- 서울경기 시니어선교학교: 연 2회 상·하반기(3월, 9월) 개강
- 대전 시니어선교학교: 연 1회 하반기(9~10월) 개강
- 광주전남 시니어선교학교(광주): 연 1회 상반기 개강
- 순천 시니어선교학교: 연 1회 상반기 개강
- 대구경북 시니어선교학교(대구): 연 1회 상반기 개강
- 전북 시니어선교학교(전주): 연 1~2회 상·하반기 개강
- 천안 시니어선교학교: 하반기 개강

시니어선교학교의 등록 문의는 전화: 070-7656-4080, 이메일: senior@seniormission.or.kr, 카톡: senior4080이며 2023년 상반기 기준 등록비는 16만 원, 수강 시간은 매주 화요일 저녁 7시 30분에서 9시 30분이며 수강 기간은 11주이다. 해외 체류자는 온라인 수강이 가능하다고 한다.

참고로 2023년 상반기 서울경기 시니어선교학교에서는 그리스도인의 후반전 삶과 선교, 타 문화에 대한 선교적 접근, 북한 선교, 다음 세대 선교, 보내는 선교, 국내 이주민 선교, 하나님의 나라-하나님의 선교, 선교사 간증 등을 제공하였으며 자세한 사항은 다음 링크를 참조하기 바란다.
- www.seniormission.or.kr/board/list.do?iboardgroupseq=2&iboardmanagerseq=6

- 이모작선교네트워크

　시니어선교한국의 사역 중의 하나인 이모작선교네트워크에서는 선교에 헌신하고자 하는 시니어들을 위해 상담과 멘토링을 하고 있으며, 시니어들이 가진 선교에 대한 비전을 함께 고민하고 기도하며 구체적인 사역과 사역지로 연결되도록 돕고 있다. 상담을 위한 문의는 시니어선교한국 사무국 070-7656-4080으로 하면 된다.

- **선교사 영입 및 파송 교육(선교사 OT)**

　시니어선교한국은 선교사를 영입하며 파송 교육도 실시한다.

　지원 자격은 세례 교인이며, 인생 후반전을 하나님 나라를 위해 선교에 헌신하고자 하는 분, 시니어선교한국에서 실시하는 소정의 교육과 훈련을 마치신 분, 그리고 시니어선교한국의 취지와 사역 내용에 적극적으로 동의하며 연합하여 사역하기를 원하는 분이다. 영입 절차는, 시니어선교학교 훈련 수료→시니어선교한국 임원의 추천 또는 이모작선교네트워크 면접 상담→지원 서류 제출→영입 심사위원회의 1차 서류 심사→영입 심사위원회의 인터뷰(면접)→선교사 오리엔테이션 참가→최종 심사 및 영입 승인→파송으로 이루어진다.

　제출 서류는, 신청서(이력서, 신앙 간증문(신앙 고백서), 사역 계획서 포함), 소속 교회 목회자의 추천서와 지인 2인의 추천서, 동역하는 경우 해당 선교지 선임 선교사의 동역 확인서, 가족 동의서(가정이 있으나 싱글 파송인 경우 배우자의 동의서), 소정의 건강진단서 등이다. 제출 서류는 다음 링크에서 다운로드할 수 있으며 작성 후 senior@seniormission.or.kr, 또는 우편으로 접수 가능하다.

- www.seniormission.or.kr/board/list.do?iboardgroupseq=4&iboardmanagerseq=17

■ **선교사 OT**

　시니어선교학교 훈련과 이모작 컨설팅 상담을 마치고 영입 심사에 통과한 분으로서 사역 국가, 사역 내용, 사역 비전이 확실하며, 사역지로 출국 또는 사역 시작 시기가 정해진 지원자에 대해 선교사 OT 교육을 실시한다. 교육 내용은 주로 선교 현장 선교사에게 필요한 내용, 소속 단체가 되는 시니어선교한국을 잘 알아 가는 시간, 파송된 선교사의 멤버 케어에 관한 내용, 간증 나눔 등으로 구성되어 있다. 현재는 5박 6일간 합숙으로 진행되지만 선교사 파송 전 중요한 교육이기에 2주 정도로 더 늘려 갈 가능성도 있다고 한다. 참고로 2024년 상반기 일정은 2024년 1월 8일(월)~13일(토), 장소는 대전 침례신학대학교 세계선교훈련원, 문의는 최현주 간사 연락처인 070-7624-1215로 하면 된다.

■ **컨퍼런스 및 세미나**

　시니어선교한국은 선교 훈련 외에 시니어 선교사를 위한 글로벌 컨퍼런스를 열고 있다. 2023년 글로벌 컨퍼런스는 8월 31일부터 9월 2일까지 2박 3일 동안 사랑의교회 안성 수양관에서 열렸으며 변화하는 한국 선교와 성찰, 북한 선교, 분반 활동 등의 내용이 다루어졌다(문의: senior@seniormission.or.kr). 또한, 시니어선교한국은 부정기적으로 선교 세미나를 열고 있다. 2023년 10월에는 전주에 있는 예은교회에서 이주민 선교 세미나가 열렸으며 이주민 선교 특강, 지역 시니어 선교회의 여러 선교 사례, 그리고 이주민 선교 지원센터 TFT가 발표되었다.

❹ **뉴저지 실버선교회 실버미션스쿨**

　한국에서와 같이 미국에서도 시니어 미션을 활발하게 진행하는 곳이 있다. 그곳이 바로 뉴저지 실버선교회다. 이 선교회에서 미주 시니어들이 주님의 지상 명령을 잘 수행할 수 있도록 실버미션스쿨을 연다. 훈련 내용은 첫 번째, 선교에 대한 성경적, 역사적, 문화적 기초를 정립하고, 타 종교에 대한 이해와 접근 방법을 습득하게 함으로써 영적 전쟁에서 승리하도록 훈련하며, 선교 사례 연구로 선교를 위한 기본 자질을 함양하고 현장에서 발생하는 문제를 이해하여 선교지 적응을 원만히 하도록 훈련한다. 두 번째, 전도 훈련과 구원의 확신과 소그룹 양육 방법 등을 숙지하여 제자 양육의 일익을 담당하며, 말씀과 영성 훈련을 통하여 신앙 인격을 갖추고 성도로서 풍성한 영적인 삶을 영유케 한다. 세 번째, 단기 선교의 효과적인 결실을 위한 집중적인 현장 훈련을 하며, 선교지에서 복음 전파의 창의적 접근 방법으로 다음과 같은 현장 사역 훈련을 한다. 영어 교육, 미용 봉사, 사진 사역, 결혼 준비 교실 및 결혼 예식 사역, 음악 선교, 안경 사역, 생활 개선 (우물 파기, 집 짓기), 나무 심기, 중보 기도 사역.

실버미션스쿨은 연 2회, 3월과 9월에 열리며 훈련 기간은 매주 월요일 2시간씩 12주간이다. 훈련 장소는 매 기마다 별도로 선별된 지역에 있는 후원 교회에서 하며 훈련 기간 중 1박 2일 합숙 훈련이 있다. 훈련 비용은 교재비를 포함 $100(2인 $150)이며, 단기 선교 훈련 비용은 별도이다. 유튜브로 강의를 실시간으로 방영하므로 해외나 타 주에서도 참석할 수 있다.
- 참가 문의: 이호진 집사 201-957-9300,
- 타 주나 해외 지역 교육 문의: 인대진 장로 201-419-9333
- 이메일: silvermissionnj@gmail.com

참고로 2023년 가을에 열렸던 실버미션스쿨의 강의 내용은 다음과 같다. 미셔널 처치, 포스트모더니즘 시대의 선교 전략, 선교의 성경적 관점, 선교의 역사적 관점, 선교의 문화적 관점, 선교의 전략적 관점, 무슬림 선교, 인디언 원주민 선교, 난민 선교, 선교사의 재정 관리, 단기 선교 준비, 영성 수련회, 새로운 선교 사역 도전 등. 또한 교과 과정 수료 후 난민 선교와 니카라과 단기 선교가 이루어졌다.

❺ 선교한국대회

선교한국대회는 1888년 미국에서 일어난 SVM(Student Volunteer Movement)의 100주년인 1988년, 한국 청년 대학생들의 선교 동원을 꿈 꾸던 JOY선교회의 헌신으로 시작되었으며 교파와 단체를 뛰어넘는 연합 운동으로 발전하였다. 대회는 2년마다 8월 초에 진행되며 전국에 있는 기 독교 청년 학생들이 영적 각성을 통하여 세계 선교에 헌신하도록 하는 선 교 동원 운동이다. 지금까지 총 18차례의 대회가 개최되었으며 약 3~4천 여 명의 청년이 함께 모여 5~7일간 진행된다. 현재 국제 규모로 성장한 선 교한국대회는 아시아에서 가장 중요한 선교 대회로 인정을 받고 있으며 제 3세계 여러 나라에서 선교한국대회를 모델로 삼아 자국 선교 동원에 적용 하고 있다.

주요 프로그램으로는 선교 단체 소개와 사역을 소개하는 박람회와 다이 내믹 배움터, 선교 트렌드를 알아보는 GMT(Global Mission Trends), 선 교적 삶을 살아가는 다양한 사람들의 이야기, 아름다운 땅끝 소식 및 주제 강의 등이 있다. 또한 소그룹 활동과 멘토링 시스템을 통해 하나님 나라의 비전을 공유하고 함께 세워 나갈 동역자들을 만날 수 있게 한다. 2023년 8 월에 열린 18차 대회에는 전방 개척 선교, 이주민 선교, 그리고 총체적 선 교 등의 주제가 다루어졌다. 자세한 사항은 missionkorea.org를 참고하기 바란다.

9장

선교 활동을 위한 제안

9장 선교 활동을 위한 제안

가. 통계 자료의 적절한 활용

대형 교회 선교부에서 그 교회 성도들에 대하여 복음을 받아들인 통계 조사를 하면 어떨까 한다. 선교학을 수강하는 신학생들의 텀페이퍼로도 괜찮은 프로젝트고. 교회 주보 속에 간단한 설문 조사 간지를 넣어 교회 광고 시간에 광고를 하면 될 것 같다. 설문지에는 간단하게 작성자 연령(10대, 20대, 30대 등등), 작성자 성별, 복음을 받아들인 시기(유치부, 유년 주일학교, 중학교, 고등학교, 대학교, 20대, 30대, 40대 등등), 그리고 복음을 전해 준 사람(목사님, 전도사님, 친척, 친구 등등), 이 네 가지 통계만 내어도 전도 대상자에 대한 아주 유용한 정보를 알 수 있다.

가령 10대 때 친구에게 전도를 받은 통계가 많다면 교회 중·고등부 학생들에게 친구들에게 어떻게 전도하는지 중점적으로 교육하여 전도하게 할 수도 있을 것이고, 중학교 때 교회 전도사님에게 전도를 받은 통계가 많다면 전도사님들에게 중학생들을 집중적으로 전도하도록 전도 방향을 설정해 줄 수도 있을 것이다. 간단한 통계 결과지만 처음 가는 길의 내비게이션 역할을 할 정도로 효과가 좋을 것으로 생각되며, 학술지에 게재하여 널리 알린다면 여러 교회의 전도 전략에 많은 도움이 될 것으로 생각한다.

나. 현지인 지도자 양성을 위한 신학교 사역의 제고

선교지에서 차세대 지도자를 위한 신학 교육이 요구되고 있으며 여러 신학교가 선교사들에 의해 설립되었다. 그런데, 칭찬을 받아야 하는 선교지 신학교들에 몇몇 문제점이 있다고 한다. 어떤 문제점인지 송종록 목사가 《미주 크리스천 신문》사에 투고한 '선교지 신학교의 실태와 대안'이라는 기사를 통해 알아보자.

여러 나라에서 현지인 지도자 양성을 위해 한인 선교사가 주도하는 신학교들이 운영되고 있다. 이들 신학교 중 극소수를 빼고 대다수는 학교라고 말하기 어려울 정도로 그 실상이 열악하다.

세계 여러 곳에 필요 이상으로 한인 선교사들이 세운 신학교들이 우후죽순처럼 있다. 각 선교부마다 신학 교육을 주력 사역으로 생각하고 있기 때문이다. 문제는 성경학교 수준의 신학교들이 난립함으로써 여러 문제들이 발생하고 있다는 것이다. 좋은 학교가 되려면 훌륭한 선생, 잠재력 있는 학생들, 적절한 환경이 맞아떨어져야 한다.

사실 선교지에서 신실하고 실력 있으며 사표가 될 만한 선생들을 찾기란 쉽지 않다. 따라서 한국이나 미국 등에서 강사를 초청하고 통역을 붙여 강의를 진행하는 경우가 허다하다. 이렇게 운영하다 보니 교육 목표에 따른 체계적이고 일관성 있는 내용보다 시시때때로 방문하는 사람들에게 학사 일정을 맞추게 된다.

이보다 더 큰 문제는 소명과 역량 있는 목회자 후보생을 확보하는 것이다. 여기저기에서 볼썽사나운 사람 뺏기 경쟁이 일어나기도 한다. 결과적으로 신학교에는 소명은커녕 학문적 소양과 성품 등 신학생으로서 자격이 되지 못하는 이들이 많다.

선교지의 신학교 실태는 우리가 상상하는 것보다 훨씬 심각하다. 무엇을 어떻게 해야 한단 말인가?

첫째, 선교사들이 소속 교단이나 파송 기관을 초월해 신앙과 신학의 색깔이 유사하다면 신학교들을 과감히 통폐합해야 한다. 개인 혹은 집단 이기주의를 내려놓고 아름다운 연합을 추구할 때 하나님께서 기뻐하실 것이다. 만일 신학교들이 정리되면 교수 수급과 학생 선발 문제까지도 자연스럽게 해결할 수 있다.

둘째, 교육 내용을 서구 신학이 깔아 놓은 사변적인 교리(Dogma) 중심에서 탈피해야 한다. 성경과 실천신학 중심의 커리큘럼으로 배정해야 한다. 여기서 배출되는 사람들은 학자가 아니라 교회를 책임질 전도자와 목회자들이 아닌가? 그들 중 학문에 자질이 있고 더 키울 만한 사람들은 장차 유학의 길로 나가도록 도우면 된다.

셋째, 질 좋은 교육을 위해 네트워크가 필요하다. 한인세계선교사회(KWMF) 산하 신학 분과 차원에서 서로 정보와 매뉴얼을 공유하며 당면 문제들을 연구하고 같이 향상을 모색해야 한다.

넷째, 신학교 차원에서 '재교육 시스템'을 만들어 간다면 현지 사역자들에게 큰 도움이 될 것이다. 현장의 필요에 의하여 연장 신학교 제도에서부터 사이버 교육이란 방법을 모색할 때가 되었다.

이상과 같이 선교지 신학교의 실태와 대안을 살펴보았는데 좋은 의견인 것 같다. 위의 기사에서 넷째 대안에 대해 좀 생각해 보자. 여기서 사이버 교육을 언급했는데 선교지 신학교 문제의 해결을 위해 다음과 같은 방법은 어떤가 싶다.

팬데믹 때는 거의 모든 대학교가 원격 강의를 했다. 신학교도 마찬가지라 생각한다. 줌으로 강의할 경우 제시간에 참석을 못 하는 학생들을 위해 줌 녹음 기능으로 강의 내용을 녹음한다. 신학교에서 녹음된 강의에 선교지 언어로 자막을 삽입하여 학교의 서버에 올린다면 선교지의 차세대 지도자들이 언제나 원하는 시간에 선교지를 떠나지 않고 강의를 들을 수 있다.

여기서 '선교지를 떠나지 않고 강의를 들을 수 있다'란 말이 중요하다. 왜냐하면, 선교지에서의 차세대 지도자라면 현지 선교사의 사역에 상당히 중요한 역할을 하는 재원일 것이다. 그런데 이런 인재를 신학 교육을 위해

타지로 보낸다는 것은 현지 선교 사역에 큰 마이너스 요인이 될 것이다. 그런 의미에서 선교지에서는 온라인을 통한 원격 신학 교육이 선호되어야 한다고 본다.

그리고 한국 신학교가 방학을 맞이하면 교수님들이 사역 국가의 대도시에 파송되어 그 나라의 신학생들을 한곳으로 모아 원격 강의를 통해 배운 것을 확인하고 시험도 보며 체류 중 단기간에 특강을 한다면 현지 사역 국가에서도 양질의 신학 교육을 받을 수 있다고 생각한다. 선교국 내의 여러 지방에서 강의가 열리는 대도시로 모이는 것이 한국으로 와서 수업을 듣는 것 보다 훨씬 더 현실적인 방안이다. 한국의 신학교 교수님들이 방학 중에 조금만 수고를 해 준다면 선교지의 신학교 문제를 손쉽게 해결할 수 있다고 본다.

다. 현지인 지도자를 세우는 사역을 최우선으로 두자

필자가 거주하는 버지니아 샬러츠빌에는 Christian Aid Mission(CAM)이라는 선교 단체가 있다. CAM의 창립자는 로버트 핀리이며 현지인 선교(Indigenous ministries)를 하는 유명한 곳이다. 1945년 로버트 핀리는 빌리 그레함과 같이 Youth for Christ의 선교사가 되어 미 전역을 순회하면서 많은 영혼을 구원하였다. 3년 후 1948년에는 YFC와 IVCF의 대표로 동남아 여러 나라에서 선교하다가 중국이 공산화되자 한국으로 들어와 6.25 전쟁 전까지 한국에서 선교 활동을 계속하였다.

핀리는 아시아 지역의 사역들을 통해 아주 중요한 사실을 깨닫게 된다. 그것은 현지인 사역을 직접 하는 것보다는 현지인 사역자를 발굴하여 돕고 그들에게 현지인 사역을 맡기는 게 훨씬 더 효과적이란 것이다. 사도 바울의 출생지는 소아시아의 킬리키아이다. 바울은 여기서 율법학자 가말리

엘에게서 율법 교육을 받았는데 회심한 후 주님께서는 바울을 소아시아로 보내 예수님을 전하게 하셨다. 핀리는 이 사실을 통해 다시 한번 현지인 사역의 중요성을 확신하였다고 한다. 이를 위해 미국으로 돌아온 후 처음 시작한 사역이 미국으로 유학 온 학생들에게 복음을 전하고 그들이 귀국했을 때 그들 나라에서 선교 사역을 할 수 있도록 돕는 것이었다. 이 사역이 발전하여 CAM이 설립되고, 지금은 복음이 전파되지 않은 지역의 근처에 있는 현지인 사역자들을 도와 미전도 종족에게 복음을 전하는 사역을 하고 있다.

선교사들이 자주 하는 "유능한 외국인 선교사 열 명보다도 평범한 현지인 사역자 한 명이 더 효과적이다."라는 말이 있다. 선교사가 아무리 현지 언어와 문화를 익혀서 전도하고 설교를 한다고 해도 역시 선교사는 외국인일 수밖에 없어서 현지인들에게는 어딘가 낯설고 어울리지 않게 마련이다. 그러나 이에 비해 현지인 사역자는 현지인이므로 전혀 이질감 없이 훨씬 더 효과적으로 일할 수 있다는 것이다. 현지인 사역의 또 다른 장점은 팬데믹으로 국가 간의 이동이 막혔을 때 효과적일 수 있다는 것이다. 선교지 근처의 어느 지역에서든지 현지인 사역자가 있기 마련이다. 가장 가까운 지역에 있는 현지인 사역자가 그쪽으로 파견되어 사역을 계속할 수 있다.

한국 대형 교회를 부흥시킨 목회자들은 모두 서양 선교사들이 뿌린 복음의 씨앗 세대들이다. 선교지에서 어느 정도 선교의 열매가 맺히면 미래의 이런 대형 교회 목회자들을 위해 사역을 현지 사역자에게 맡기고 다시 새로운 사역지를 개척해 나가는 것이 오히려 더 많은 영혼을 구하는 선교 전략이 될 수도 있을 것이다.

라. 보내는 선교사

선교사는 가는 선교사(Goer)와 보내는 선교사(Sender), 그리고 중보 기도자(Intercessor)의 연합체이다. 따라서, 건강이나 주위 형편상 선교지로 가지는 못해도 보내는 선교사와 중보 기도자로서 선교에 동참할 수가 있다는 것이다. 가는 선교사가 전방 선교지에서 영적 전투를 벌인다면 보내는 선교사와 중보 기도자는 후방에서 포병이나 보급병으로서의 지원 역할을 맡는다. 팬데믹 때 많은 선교사가 물질적인 지원이 없어 선교지에서 돌아온 사례가 있는 만큼 선교 지원이 중요하다. 선교사의 지원을 직접적으로 할 수도 있고 교회와 선교 지원 단체를 통하여 할 수도 있다. 직접적인 지원을 할 경우 미션펀드(www.missionfund.org/)를 통해 개척 교회 지원, 선교지 지원, 긴급 지원 등 원하는 곳에 지원을 할 수가 있다. 미션펀드 웹 사이트에서 지원 요청에 대한 내용을 자세히 살펴볼 수 있고 어느 정도 지원이 진행되고 있는지 볼 수도 있다.

보내는 선교사로서 다른 여러 형태의 선교 지원을 할 수가 있지만 현지 선교사가 추천하는 차세대 지도자가 있을 경우 그들의 신학 공부를 지원할 수도 있을 것이다. 현지 신학교든 한국 신학교 유학이든 신학 교육에 드는 경비를 지원하여 교육을 잘 마칠 수 있도록 하고 졸업 후 개척 교회를 열어 복음 전파의 열매를 맺을 수 있을 때까지 지원한다면 보내는 선교사의 아주 바람직한 사역이 될 수도 있을 것이다.

어린이 청소년 선교

- 홍현철, '2022 한국 선교 현황(2022년말 기준)', 한국선교연구원, 2023.02.22, krim.org/2022-korean-mission-statistics/#311_jang-gi_seongyosa
- 김종준, '나는 유년주일학교에 생명을 걸었다', 규장문화사, 2000
- 이수훈, '어린이를 통한 교회개척(1)', 4/14 윈도우 운동 컨퍼란스, 2022.05.02, www.youtube.com/watch?v=CxgRmPyoh_U
- 이수훈, '어린이를 통한 교회개척(2)', 4/14 윈도우 운동 컨퍼란스, 2022.05.02, www.youtube.com/watch?v=DkS_xZNgQJc
- 신상준, "한국교회 주일학교 위기 , 서부교회에 길을 묻다", 한국기독신문, 2015.01,31, kcnp.com/news/view.php?no=78
- 박연훈, '박연훈 목사의 스쿨ZONE 전도', 요단출판사, 2018
- HOLYNET 전문기자, '학교앞 전도의 10단계 결론은 정착입니다', HOLYNET 교회자료실, 2023.01.30, www.holynet.or.kr/2023/01/학교앞-전도의-10단계-결론은-정착입니다
- 문근식, '어? 되네! 청소년 전도', 좋은씨앗, 2014
- 문근식, '마음으로 만나는 청소년 전도법', Disciple Vol. 179, 2014, 4월, (www.mdisciple.rticleView.asp?AID=5827)
- 꽃동산교회: flowergarden.or.kr

- 당진 동일교회: www.jesuscountry.net
- 한국어린이전도협회: www.cefkorea.org
- CEF 해외어린이선교: www.cefkorea.org/missionary
- 한국어린이교육선교회: www.kcem.org
- 한국어선교회: www.kmission.kr

다문화 이주민 선교

- 문혜성, '이주민 250만 시대, 이주민 선교는 필수', 한국성결신문, 2023.03.01
- 전철한, '21세기 다문화사역', 2021.11.14, www.youtube.com/watch?v=Vri5zcQi_ug
- 전철한, '21세기 다문화사역 및 소그룹 토의', 2021.11.14, www.youtube.com/watch?v=kPJ6m8bG-Jk
- 파올리스, '남부전원교회의 이주근로자 사역 사례', 웹진-중국을주께로, 통권 165호, 2016
- 노규석, '온누리교회의 다문화 선교 30년 사례', 2022 KWMC 세계선교대회, 2022.10.23, www.youtube.com/watch?v=P0FskyUWTAI
- 한국외국인선교회: www.fankorea.org
- 남부전원교회: www.nambooch.or.kr
- 오륜교회: www.oryun.org
- 온누리M센터: onnurimcenter.org/
- 나섬공동체: nasom.or.kr/
- 세계다문화진흥원: mtculture.kr/

- 광주 고려인마을: www.koreancoop.com
- 안드레이, '이주민 선교를 하는 이는 누구인가?', 2023 선교한국대회, 2023, 8,10, www.youtube.com/watch?v=RcSSWWurAVc&list=P LmSjurqlaK8goCU7YcWJ0637F9yGGLJAo&index=21

한류를 이용한 선교

- 사랑의 교회 한국어교사 양성과정: www.sarang.org/edu/korean_ teachingclass.asp
- CSL(Christ School of Learning) Mission: www.cslmission.org
- 아름다운 한글봉사단: bkv.kr
- TIA 태권도 선교단: 540lee(인스타그램)
- 안성일, '총체적 태권도 선교', UKARIS, 2020

시니어 선교사

- 뉴저지 실버 선교회: www.njsilvermission.org
- 갈릴레아 선교 공동체: guatemission.c051978.gethompy.com
- 캄보디아 예수마을: jvillcambodia.modoo.at/?link=ac3kicg9
- 이현모, 인생의 후반전은 시니어 선교사로, 죠이선교회, 2007
- 조영희, 시니어 선교 이야기, 생명의말씀사, 2018
- '뉴저지 참된교회 김경 권사 간증', 2018.01.23, https://www.youtube. com/watch?v=KczaG8ZRPLc

- '뉴저지 실버선교회 니카라과 선교보고', 아멘넷, 2023.11.24, https://www.usaamen.net/bbs/board.php?bo_table=data&wr_id=12549

무슬림, 힌두교인에 대한 선교 사례

- 김종일, 국내 무슬림 선교 이슬람 바로알기 세미나, 무슬림 선교회, 2023, www.youtube.com/watch?v=s5BNvBaJhZg
- 안디옥 열방 교회: aanc.or.kr
- https://www.youtube.com/watch?v=I9gg5_SakDQ

인터넷 선교

- mailchimp: www.mailchimp.com
- ChatGPT: chat.openai.com
- 마크 데버, '복음과 개인전도', 부흥과개혁사, 2009
- 브리지 교회: http://thebridgecrc.org/
- 페이스북 비즈니스: business.facebook.com
- '예수, 부활하다 Part 1', 지니스쿨 역사, 2016.07.15, www.youtube.com/watch?v=VxLKSpO762I
- '예수, 부활하다 Part 2', 지니스쿨 역사, 2017.04.12, www.youtube.com/watch?v=rJW5apKEw98
- '다시 살아나신 예수님', 키바스, 2019.03.11, www.youtube.com/

watch?v=TVyKSoiVPlQ

- 키바스: www.youtube.com/@KIBAS2020
- CBS 새롭게하소서: www.youtube.com/@cbsrenew/videos
- CTS 내가 매일 기쁘게: www.youtube.com/@ctseveryday/videos

자립 선교 직업훈련학교

- 한경호, '해외 농업(농촌)선교의 현황과 과제', 농촌과 목회, 64호, 2014
- 보나콤 양계학교: bonacom.or.kr/xe/yangschool
- 조지아 가나안 농업 학교: ciaga.org
- 진흥청 산하기관: www.rda.go.kr/localOrgAllView.do
- 서울특별시 농업기술센터: agro.seoul.go.kr
- 안경사역: www.mommercy.org/notice_board_ko/제-98-차-선교지
  에서의-안경사역-9302023-아틀란타-실로암교회

선교사 후원 기관 및 훈련 단체

- CTS인터내셔널: www.ctsi.or.kr
- Messengers of Mercy(MOM)선교회: www.mommercy.org
- 글로벌 어린이재단: globalchildren.org
- 기아대책: www.kfhi.or.kr
- 한국해외선교회: gmtc.co.kr
- 한국기독교 의료선교협회: mmht.co.kr/

- 선교한국대회: missionkorea.org
- 시니어선교한국: www.seniormission.or.kr
- 뉴저지 실버 선교회: www.njsilvermission.org

선교 활동을 위한 제안

- Christian Aid Mission: www.christianaid.org
- 송종록, '선교지 신학교의 실태와 대안', 미주 크리스천 신문, 2019.04.06
- 미션펀드: www.missionfund.org